La Presencia Femenina de la Mujer Profesionista

Una Guía para tu Éxito Profesional en el Trabajo

JURACY DE JOHNSON

DEDICATORIA

Dedico este libro primero a mi Amado Esposo, por quien he sacado la fuerza inexplicable que no conocía tener y que me ha permitido cuidarlo durante estos casi 18 años desde su lesión cerebral. Te extraño. Estás allí, aunque no igual, pero yo igual te amo.

Dedico además este libro a Toda Mujer que trabaja, que hace su mejor esfuerzo por salir y sacar a su familia adelante. A esas mujeres que no se detienen ante nada y que de manera honesta, por su ejemplo son verdaderas líderes de Vida. Mujer profesionista, a tí dedico este libro

CONTENIDO

AGRADECIMIENTOS

Agradezco profundamente a Viki Winterton, un verdadero ejemplo de Liderazgo Femenino, por creer en mí, por haberme invitado a formar parte de su Equipo Empoderador.

ALGUNOS TESTIMONIOS

"¡Qué experiencia tan poderosa! Gracias a ti y a tu apoyo incondicional que me dieron el valor de luchar por lo que amo y ahora sé que soy capaz de iniciar mi propio negocio como abogada y tener éxito"

~Ana Aguilar. Santa Rosa, Guatemala

"Juracy me ayudó a identificar algunas creencias que me estaban limitando y fueron reemplazadas por nuevas afirmaciones de abundancia. ¡Te super recomiendo participes en sus talleres!"

~Ángela Espinoza, Colima. México

"Quiero agradecerte de todo corazón por formar parte del despertar de mi corazón. Las sesiones de Coaching fueron el mejor regalo que me he dado a mí misma. Ahora mi corazón ha sanado a través del perdón. Gracias Juracy por ser el instrumento que me permitió sanar 40 años de estarme criticando y derrotando".

~María Enríquez. Costa Rica

"I wish to express you my sincere appreciation and admiration. I am so happy to have met you, I love the way you Coach, your commitment, your work and your ethics. I think you are a very special human being. I admire your strength and integrity to meet your life's challenges with love and sweetness and set the precedent that one can achieve whatever we want. You lead by example! I already have some friends that want your Coaching Services!" Hugs from the bottom of my heart.

~Patricia. San Diego, CA

"Antes de conocerte, me sentía vacía por dentro y por fuera... sin saber quién era y que rumbo tomar. Me sentía muy mal. Ahora estoy en paz conmigo misma y veo las cosas ¡tan distintas! Siento como si hubiera nacido otra vez! Estoy descubriéndome por primera vez, amándome a mí misma y viendo todo lo que soy capaz de hacer. Nunca te voy a olvidar, tu noble corazón y tu hermosa sonrisa. Gracias por salvar mi vida".

~Astrid Domínguez. Arequipa, Perú

Créeme que siempre te voy a recordar. ¡Gracias por salvar mi vida!

~Ada. México, D. F.

INTRODUCCIÓN

En esta Sociedad "al instante" en la que vivimos, nadie tiene tiempo de ayudar a la profesionista que recién ingresa al mundo laboral. No solo el empleador espera que te integres y ajustes al puesto y al equipo de trabajo, sino también espera que seas eficiente y que leas su mente. Esto es estresante porque haces lo mejor que puedes y parece no ser suficiente, entonces haces más de lo que te es humanamente posible (es decir, a costa de tu salud) y con ello empiezan los dolores de cuello, de cabeza, los mareos, etc.

Es por esto que decidí escribir este libro, para que te acompañe durante los primeros pasos de tu desarrollo como Profesionista. Si antes de entrar al mundo laboral, alguien me hubiera dicho lo que ahora sé y escribo para ti, mi visión y mi comportamiento hubieran sido diferentes. Comparto mi experiencia y mis ideas, para que tengas un mejor y más rápido ascenso en tu Vida Profesional. Aún con todo lo que me ha pasado (algún día te contaré mi historia), he podido ser líder como mujer en mi profesión y reconocida a nivel internacional por medio de publicaciones y capítulos en libros en el área de Peligros Naturales y he logrado estar con los "grandes" en el área de Liderato Motivador. No te lo digo para presumirte -pues para nada me fue fácil-, sino para inspirarte a que continúes siempre en tu camino al éxito a pesar de que sientas que todo se pone en tu contra. ¡Saldrás adelante! Estoy contigo.

Este libro es diferente a los demás ya que no solo te sugiere lo que puedes hacer sino que te dice cómo lo hagas. Elegí redactarlo como si estuviera platicando contigo para que se te haga ligero y comprensible. Toma en cuenta que no hay camino fácil ni atajos para llegar a ser líder en tu profesión, sino que es un entrenamiento constante que se debe adecuar a los diferentes tiempos, países, personas y situaciones.

Espero que disfrutes leer esta Guía tanto como yo disfruté escribirla para ti. ¡Bienvenida a Tu Liderato Profesional!

"Espero cosas grandiosas en mi vida, por lo que ahora tomo mi tiempo
trabajando y desarrollando a mi persona."

1 TÚ A PARTIR DE HOY

La mayoría de las mujeres hemos pasado gran parte de nuestra vida laboral tratando de sobrevivir en el mundo de los hombres, ignorando nuestro poder femenino como la intuición o la calidez en el trato con las personas porque eso no se enseña en el aula.

Varios autores entre los que se encuentran Sara Delamont, Marina Subirats, Freixas y Luque confirman reiteradamente a través de sus investigaciones que los docentes –tanto hombres como mujeres-, prestan mayor atención y dedican más tiempo a los niños que a las niñas, otorgándoles mayores alabanzas, más explicaciones detalladas de lo que hay que hacer y un mayor número de palabras al comunicarse con ellos en general; así que cuando los niños fallan lo consideran falta de esfuerzo, pero si las niñas fallan lo achacan a su falta de habilidad o capacidad, constituyéndose con ello su personalidad en un sentido determinado; los hombres, por tanto, acostumbrados a ser notados preguntan más en clase que las niñas desarrollando estrategias distintas de comunicación. Existe mucho material por leer en este sentido y no es mi intención detallar este punto o dar una bibliografía de referencia, sino otorgar una posible explicación a nuestro comportamiento tímido e inseguro para salir adelante. Además, nuestro idioma emplea el género masculino indistintamente al referirse a una población conformada por hombres y mujeres, aunque esto actualmente, está cambiando.

¿Pudiera ser lo anterior el motivo por el cual las niñas desde entonces creemos que así va a ser siempre? ¿Creemos que nuestros jefes deben ser hombres? En la escuela o en el trabajo ¿Preferimos preguntarle a un compañero nuestras dudas en lugar de hacerlo a una compañera? No tengo la respuesta, solo dejo abierta la pregunta, pero de ser así tenemos que dejar ir esas ideas "prehistóricas" que no pertenecen a un mundo globalizado, ya que de otro modo, seguiremos siendo tercermundistas y permaneceremos estancadas.

Aunado a lo anterior, una gran parte de la educación que has recibido en la Universidad ha sido académica, es decir, orientada hacia "ganarte la vida" pero no te enseña cómo iniciar en el campo laboral, así que cuando las profesionistas recién egresan o están por egresar, se preguntan ¿A dónde voy a ir a parar? ¿Voy a conseguir un empleo? ¿Voy a tener éxito? ¿Voy a vivir bien? o se dicen "si fuera hombre estaría más fácil". Todo esto lo piensan como si no tuvieran influencia en su destino, como si lo que va a ocurrir es por "suerte" o porque "alguien me echó la mano". Pero no es así, lo que tú vas a llegar a Ser no es ningún azar del destino. ¡Decide desde ahora vivir como una mujer capaz, fuerte, bella, magnífica! ¡Diseña tu destino!

Para hacerlo, el primer paso es Conocerte a Ti Misma y decidir después, quien vas a ser Tú A Partir de Hoy. Es momento de darte la importancia que mereces y empezar a llevar tu vida hacia el rumbo que deseas o que vas a descubrir prefieres, con la ayuda de este libro.

Colocarte en *primera persona,* analizarte, comprenderte y consentirte es fundamental y te pido que mientras realizas el análisis que aquí se pide, estés tranquila y sin hacer juicios. Posiblemente digas que ya te conoces y que únicamente estás esperando la oportunidad para brillar, pero puedes esperar toda la vida ya que las oportunidades se buscan, no llegan, así que deja de esperarlas. Tienes el talento que ni te imaginas, habilidades por descubrir, una grandeza interna con la capacidad de lograr cosas que ni has soñado hasta ahora.

Conocerte es abrir tu persona, ubicarte, aceptarte completamente desde el punto en el que te encuentras y a partir de allí aprovechar al máximo tu poder femenino y disfrutarlo como mujer profesionista. Comprendiendo quién eres -es decir tomando Conciencia Personal- y la imagen que proyectas, no tendrás dificultad alguna en modificar lo que sea necesario para alcanzar todos tus deseos y necesidades al tomar el control de tu vida, ser tu propia líder llevando a cabo firmes relaciones profesionales con los demás, influyendo en tu equipo y en la empresa donde trabajes de un modo positivo. ¿Estás lista para iniciar este viaje?

¡Entonces Empecemos!

Esta vez no será necesario que llames a tu pasado porque traerás un equipaje que no necesitas; deja el "es que..." el "pero..." y solo relájate y crece con esta Guía que es personal. Sitúate aquí y ahora, en tu presente y toma sólo de hoy en adelante. Observa con objetividad hasta dónde has llegado y congratúlate por ello. No importa la ruta, importa que estás aquí.

¡Este es tu momento! Hasta ahora, tu pasado había creado las experiencias que marcaron el camino para llegar hasta donde te encuentras, pero lo que pienses desde HOY, creará tus experiencias del mañana. ¿Cómo deseas que éstas sean? Piensa en tu bienestar y en tus metas de manera individual mientras recorres estas páginas. Después añadirás a tu familia, amigos, etc. Por el momento no lo hagas ya que tienes que trabajar en ti misma. Es muy importante que te comprometas en este continuo proceso de desarrollarte. Pasa más tiempo en ti que el que has estado pasando, Te lo debes. Nunca nos damos cuenta de nuestra grandeza porque no sabemos decir que no y hacemos mil cosas menos trabajar en nosotras mismas. Tu vida merece su *tiempo estelar* porque estás creando tu propia producción. Hablarte con cariño y de un modo positivo rechazando las conversaciones negativas, es el inicio del cambio.

Pareciera que en su mayor parte, nuestros pensamientos giran alrededor de lo que tenemos frente a nosotras, nos distraemos y no nos damos tiempo para estar presentes en lo que realizamos en el momento. Desde que despertamos, pensamos en lo que haremos durante el día, en lo que vamos a comer o nos concentramos en la plática de otros... pero ¿y nosotras? dejamos que la jornada nos vaya llevando, en vez de guiarnos hacia nuestros objetivos y luego inocentemente le preguntamos a la

Vida ¿Por qué todo sigue igual?

Pudiera ser que estés pasando por muchas cosas a la vez y lo entiendo, pero mientras tomas este libro entre tus manos, elimina las distracciones, el ruido mental y fluye con mis palabras.

Adquiere un cuaderno o una libreta que será tu Diario Personal o Cuaderno de Crecimiento. Elígelo con dulzura, fórralo con cuidado, ponle un listón, colores y decóralo como se te antoje. Será tu mejor compañía. Adquiere además, un calendario que continuamente mantendrás a la vista. Yo recomiendo que tanto el cuaderno como el calendario sean de tu gusto y no utilices la computadora o el celular para escribir, pues al escribir con tu puño y letra, le estás dando forma a tus palabras, convirtiendo lo que piensas y sientes en letras que pasan del corazón al papel, colocando esa energía propia (y no una computarizada) sobre tu escrito. Además, en la computadora pudieras tener la tentación de ingresar a tus redes sociales y no concentrarte en esto que es tan importante para que logres lo que deseas.

Conforme tu agenda lo permita, organízate y separa al menos una hora al día en tu calendario para escribir en tu cuaderno durante **21 días**. O ¿no consideras que ya te has dejado en segundo plano por mucho tiempo y le has dado importancia a las cosas que no te ayudan a crecer? ¡Vamos! Inicia. Busca un lugar que será tu refugio para este efecto, decóralo como gustes, pon flores, enciende una vela aromática o incienso o rocía unos chisguetes de una fragancia relajante o de tu propio perfume. Dale tu toque personal.

Diariamente, al llegar la hora que acordaste contigo misma para tu concientización, apaga la televisión, lleva tu taza de café o té favorito al lugar que elegiste, relájate, deja los pendientes fuera de este lugar personal y comienza...

Inicia escribiendo las cosas por las que estás agradecida denotando la abundancia de lo que ya tienes. Escribe todo lo que se te ocurra. Esta parte es importante porque al estar en modo de agradecimiento, el Universo te abre sus puertas para darte más.

Salta un renglón y escribe ahora qué tipo de profesionista te gustaría ser y pon todo lo que quieras... sueña despierta porque atraparás este sueño y lograrás lo que tú quieres. Recuerda eliminar los pensamientos de duda, o aquellos que te ponen triste, tales como: ¿pero cómo le voy a hacer? ¡Esto es imposible para mí! Agradece estos pensamientos por estar allí ya que alguna vez sirvieron para protegerte y suéltalos ya que no es su momento, son del pasado. No deben ocupar espacio en tu mente ahora ya que tus nuevos pensamientos a programar son: "Soy fuerte, competente, atractiva, valiosa (todos los que se te ocurran y que consideres adecuados), etc.". El miedo poco a poco irá quedando atrás.

Cuando termines, analiza qué pasos crees que necesitas dar desde este punto de tu vida en el que te encuentras hoy, para llegar a tu meta. Puedes hacerlo sola o con ayuda de un Life Coach. Lo único que te pido es que no te estreses, sé paciente y amorosa contigo, comprende que este ejercicio es para que reflexiones, para que notes el punto al que quieres llegar, así que escribe, escribe, escribe...

Al mismo tiempo, te pido de nuevo que tomes   conciencia de tus pensamientos negativos recurrentes, es decir los que se te vienen a la mente en estos momentos en que estás visualizándote como la profesionista que vas a llegar a ser (como "que gorda estoy", "no debo dormir tanto", etc.). Si estos pensamientos persisten, a pesar de tus intentos por soltarlos, entonces los anotarás en tu cuaderno, pero empieza de la parte posterior del mismo, ya que representará el pasado. No analices, simplemente anota. Una vez anotados pudieran desaparecer; mira, es como cuando necesitas algo del mercado y no quieres que se te olvide lo que vas a comprar, entonces lo anotas en una lista y automáticamente descansas porque sale de tu mente debido a que ya te has ocupado de ello.

Por favor, evita juzgarte (debo insistir en ello), no seas severa contigo misma; es importante que veas las cosas como son, pero no peores de lo que son, pues entonces tendrías una excusa para permanecer en donde estás. Te estás conociendo, no juzgando. Pudieras sentirte mal de algún comportamiento que hayas tenido, ¡pero nunca de ti misma! Fue solo un comportamiento y ya pasó, aprendiste y ahora suéltalo.

Diariamente, visualízate como la profesionista que vas a llegar a ser, cómo estás vestida, cómo caminas, qué comes, como llevas a cabo las presentaciones de tus proyectos, etc., y sigue escribiendo todo ello en tu diario de 21 días. Si puedes acompañar la visualización con la realidad, mucho mejor; es decir, pudieras empezar a comer lo que visualizas que comes o empezar a añadir a la ropa los colores que ves en tu futuro (no esperes a adelgazar/engordar/hacer ejercicio, etc.). Empieza a traer y atraer tu futuro a tu presente. Además, si regresan algunos pensamientos negativos, recuerda escribirlos en la parte de atrás del cuaderno. Así, la parte de enfrente la usarás para el presente-futuro y las últimas hojas del cuaderno para lo que irás dejando en el ayer. Recuerda que nadie te ve, nadie te juzga. Es solo un conocimiento personal del cómo y dónde te encuentras hoy.

Considera que no hay recetas instantáneas ni mágicas para desarrollar tu liderazgo de un modo inmediato, pero estoy segura que los pasos que te doy en esta Guía, cambiarán tu manera de ver las cosas pues estarás más centrada, enfocada y se te irán presentando las oportunidades para crecer orientada hacia tus propios objetivos.

Los programas mentales que te habían impedido avanzar no son propios. Cuestiona de dónde viene esa programación: ¿De quién es la voz tan severa que escuchas dentro de ti? ¿De tus padres? ¿Compañeros de escuela? ¿Profesores? ¿Quién te dijo que no se podía? La opinión de otros, no tiene por qué convertirse en tu realidad; fue sólo una opinión proveniente de personas que han vivido otra realidad que no es la tuya y basados en sus propias experiencias, establecieron **sus** creencias que de alguna manera te transmitieron y a partir de las cuales formaron tus actitudes hacia la vida. No es accidental que tengamos pensamientos negativos y recurrentes que no son originalmente tuyos, pues desde que nacemos estamos rodeados por personas quienes basadas en sus propias vivencias imponen su sistema de creencias. No los culpes pues probablemente trataban de protegerte pero esas experiencias sufridas por ellos, fueron en otros tiempos, otros momentos, otra economía y otras condiciones de vida. Este sistema de creencias adoptado, no te ha ayudado a crecer y el momento de cambiarlo es ¡ahora! Por eso estamos aquí. Si es necesario, pide la ayuda también de un Life Coach o de un psicólogo, y será una excelente inversión para tu vida pues ya es tiempo que te comuniques contigo misma amorosamente, de modo compasivo y comprensivo. ¿Qué te lo evita? ¿Quieres ser tu mejor amiga o tu mayor enemiga? Vives contigo misma todos los días. ¡Elige!

De modo consciente decide y declara que estás creando **tu** vida, que te estás transformando en una persona con mayor confianza en ti misma, más optimista y no porque no lo seas ahora, sino porque tienes la capacidad de crecer, pudiéndote convertir en el tipo de persona que necesitas ser para alcanzar tu vida ideal; no necesitas permiso de nadie para empezar a vivir con un mayor sentido de tu Ser, de tu persona. ¡Sé tu mejor tú para alcanzar las mejores cosas!

Continuando con el conocerte, nos vamos a dirigir ahora hacia tus Valores.

Los valores son los estándares mediante los que ordenamos nuestras vidas y guían las elecciones que tomamos. Los Valores son lo que pensamos acerca de lo que debiera ser, especialmente en función de las cualidades como la integridad, honestidad, puntualidad, etc. En otra hoja, anota tus propios valores; no los que quisieras tener sino los que realmente tienes. Analiza si eres congruente con ellos. No te juzgues, sólo analiza... recuerda que en este momento simplemente te estás conociendo... ¡es un poderoso reencuentro contigo misma!

Pudiera ser que tus valores ya no te funcionan en este nuevo momento de tu vida... si es así, busca tu cambio. Por ejemplo, si tuvieras como valor el ser metódica y organizada, y repentinamente se te presenta un trabajo donde ganarás mucho dinero en un año (y así podrás finalmente comprar tu casa o tu carro), pero dicho trabajo se relaciona con resolver situaciones inesperadas (que no te gustan pues eres metódica y organizada), entonces, ¿Lo aceptarías? ¿Valdría la pena reconsiderar esos dos valores? ¡Sólo tú puedes decidir!

Una vez que has tomado estos 21 días para ponerte atención y ahora además, escribiste tus valores, has puesto en marcha tu proceso de Liderazgo Personal.

El siguiente paso ahora que ya te conoces, es Aceptarte a Ti Misma, así como Eres y donde te encuentras ahora. Aceptarte no quiere decir que te vas a quedar en donde estás, sino que reconoces tu punto de partida sabiendo que te encuentras allí debido a las experiencias que has tenido y que éstas te han moldeado. El simple hecho de haber llevado a cabo el análisis de 21 días, es suficiente para estar orgullosa de ti misma. Si no lo has hecho y quisiste saltar esa parte regresa por favor y hazlo, de otro modo no se logrará el resultado transformador. ¡Vamos! ya invertiste en este libro con la esperanza de encontrar soluciones. Si no te haces las preguntas, ¿cómo quieres encontrar las respuestas? ¡Nadie las puede encontrar por ti! ¡Emociónate con tu nuevo comienzo!

En cualquier libro de autoayuda, lo primero que nos enseñan es que nos amemos a nosotras mismas. Louise L. Hay en su libro "Tú puedes sanar Tu Vida" nos recomienda que hagamos trabajo con el espejo para iniciar con este proceso. Te recomiendo que a la vez, leas ese libro y veas sus videos en YouTube. Se trata de cambiar tu mentalidad de años y darle un giro completamente positivo. Además, es posible tomar talleres o cursos de superación personal, sólo sé cuidadosa al elegir al facilitador que dará el taller, pues muchas veces la convivencia dentro del taller es mejor que el resultado que obtendrás. Acudimos a estos cursos porque nos sentimos solas, acomplejadas, sin ánimo y encontramos confort en saber que existen otras personas como nosotras; nos alegramos, lloramos y nos consolamos. Regresamos a nuestras casas y al cabo de un tiempo probablemente volvemos a lo mismo. ¿Qué fue lo que pasó? Que no hicimos trabajo personal sino trabajo grupal, en el que no nos atrevimos a decir realmente lo que nos sucede, exactamente cómo nos sucede por pena a que los demás –que acabamos de conocer en ese curso- se enteren de nuestros complejos. Haz del cuidado de ti misma, la mayor prioridad de tu vida y si participas en algún curso, primero corrobora que el/la facilitador/a posea certificaciones de instancias reconocidas por sus resultados y acude abierta y dispuesta a aplicar inmediatamente a tu vida, lo que has aprendido.

Al no criticarte y únicamente resolver, no herirás más a tu Ser y te será más fácil decidir lo que deseas mejorar para que logres lo que te has propuesto. Recuerda: Aquí no están los demás... nadie te juzga, no lo hagas tú por favor. Comienza la alineación de tu nuevo TÚ con las metas que te propusiste y que ya has iniciado al llevar a cabo la adición de colores a tu atuendo, el incluir nuevas cosas en tu alimentación, etc. Este proceso posiblemente te lleve más de 21 días ya que has sido programada durante décadas y hoy, decidiste tomar tu control personal.

Fíjate que hace un par de años, realicé una encuesta a 250 mujeres latinoamericanas y les pregunté cuál era la percepción que tenían de sí mismas. Éstas fueron las respuestas más frecuentes que obtuve: muy trabajadora, persona de servicio, inteligente, co-dependiente, indecisa, descuidada, gorda y fea, "mil usos", poderosa, infeliz, agresiva, difícil y buena madre.

El sesenta y nueve por ciento de las mujeres encuestadas dijeron que lo que más desean en esta vida es que su familia sea feliz y saludable, pero ninguna dio una respuesta sobre sí misma. Es decir, queremos que nuestra familia sea feliz y saludable pero nosotras, que formamos parte de esa familia, no somos felices ni saludables.

Cuando se les preguntó ¿Cuál es la mayor dificultad que enfrentas? El 35% respondió: "a mí misma". Todas estas respuestas son señales de alerta que indican que la mujer latinoamericana no se ama lo suficiente y a veces ni siquiera se aprecia. Trabajé con algunas de estas mujeres, obteniendo excelentes resultados y las técnicas empleadas son las que ahora comparto contigo para que tú obtengas tus propios resultados que te empoderen y retomes tu Liderato Femenino.

Si te digo que no puedes crear un mejor futuro mientras mantengas la misma rutina ¿me creerías? Nuestras conexiones neuronales (y por tanto nuestros pensamientos) se encuentran asociados a nuestra rutina. Joe Dispenza, en su libro "Deja de ser tú" nos dice que si queremos empezar a cambiar, es indispensable cambiar nuestra rutina a la vez que cambiamos nuestros pensamientos. Es decir, si te despiertas saltando de la cama porque ya se te hizo tarde y te dices con frecuencia "otra vez se me hizo tarde por floja" mientras caminas hacia la regadera, estos dos hechos quedan asociados, de modo que al día siguiente por más que te hayas programado para tener pensamientos positivos, cuando te levantes y camines hacia la regadera, te empezarán a inundar los pensamientos negativos inevitablemente. Así que hay que "descontrolar" al cerebro con una nueva rutina que se asocie con los nuevos pensamientos y que forme nuevas conexiones neuronales. ¿Qué te parece si en lugar de levantarte al día siguiente y correr hacia la regadera, bajas y pones el café? mientras lo haces, cambia a pensamientos positivos. No te preocupes si no tomas café, es solo un ejemplo.

Haz un programa "de cambios de rutina"; pueden ser tan sencillos como dormir del otro lado de tu cama, despertarte más temprano y leer un poco, buscar otra ruta para llegar al trabajo, etc. Además, mientras preparas el desayuno, escucha audio-libros en tu laptop, celular o iPad; elige solo aquellos que empoderen tu persona; prográmate hacia tu futuro maravilloso, hacia el futuro que deseas, el futuro que mereces y que ya se está realizando pues te encuentras tomando las acciones correctas para que se manifieste. Prepárate para lo extraordinariamente bueno que ya llega. Acoge los pensamientos frescos en tu vida pues hasta ahora no te ha dado resultado el no amarte, el criticarte, criticar a los demás y renegar de lo que "no fue", entonces intenta hacer estas cosas nuevas que he comprobado que funcionan. Además ¡cuestiónate! Es decir, hazte preguntas.

Noah St. John descubrió que el cerebro humano siempre busca

respuestas que apoyen las preguntas que nos hacemos. Basado en ello, creó las *aformaciones* que son respuestas a preguntas con poder, y dan *'forma'* a las nuevas ideas. Por ejemplo, puedes preguntarte ¿Por qué tengo tan buena memoria? ¿Por qué consigo clientes con facilidad? El cerebro buscará respuestas positivas a este tipo de preguntas por la manera en la que fueron hechas. Haz todo lo anterior en silencio, no cuentes lo que estás haciendo para no manchar con comentarios "soeces" tu crecimiento. Insisto, es un crecimiento personal, después de todo, tú eres la que ha invertido en ti misma.

Ahora que has terminado este capítulo, obsérvate. ¿Qué ha cambiado? ¿Has cambiado un poco en tu alimentación, en los colores que usas, etc.? ¿Cómo son tus pensamientos ahora? Si la respuesta es afirmativa, es porque hiciste un análisis concienzudo durante estos 21 días. ¡Te Felicito!

> "Ahora soy capaz de comprometer toda mi energía al aquí y ahora"

JURACY de JOHNSON

2 TU PODER ES TU PRESENCIA FEMENINA

La Presencia Personal ha sido definida como el Primer Pilar del Éxito; es el reflejo del contacto interno que tienes en todo momento con tu Ser. Dependiendo qué tan bien te llevas contigo misma, qué tanto afecto sientes por ti, cómo te hablas en lo interno, lo reflejarás en tu Presencia Personal.

¿Has conocido o visto a personas que te atraigan por el magnetismo que emanan? y me refiero a la atracción en el sentido humano, es decir, aquellas personas que te ponen a pensar: "¿Qué es lo que tiene que se ve tan bien?" Son personas con alta Presencia Personal. Se reconocen a sí mismas hacia su interior, están dedicadas al momento en que viven con todos sus sentidos, tienen facilidad para conectar con las personas y la gente se siente atraída por ellas. Dan un aire de confianza y de seguridad porque realmente lo poseen. Viven en primera persona sin ser egocéntricas, simplemente son muy conscientes de su Ser.

Algunas mujeres hemos perdido nuestra Presencia Personal Femenina y necesitamos recuperarla. Muchas de nosotras no nos hemos dado cuenta que nuestra feminidad es más que una herramienta, es un poder interno que nos permite alcanzar el éxito. ¡La energía Femenina es nuestro estado natural del Ser!

Nuestro poder y nuestro magnetismo se incrementan cuando nos reconectamos con nuestra esencia femenina, con nuestra verdadera naturaleza, pero mientras perseguimos nuestras metas, las mujeres hemos tomado un rol más masculino para demostrar que no somos débiles, que tenemos la misma capacidad que el hombre y que podemos pensar racionalmente, cuando en realidad podemos hacer lo mismo conectadas a nuestra feminidad. Como ejemplo general, cuando la mujer que desea colocarse en algún puesto alto dentro de una empresa, ingresa a una sala de juntas en la cual hay más hombres que mujeres, lo hace tensa, cierra su corazón, toma decisiones más severas incluso que el mismo hombre y su comportamiento es radical, es decir, inflexible. El conjunto anterior es una serie de características que provienen de la energía masculina; en lugar de ello, debemos ser comprensivas, albergar y emanar energía femenina ingresando a la reunión con nuestro propio poder, fuerza personal y presencia, pues como mujer cuando te desconectas de tu esencia femenina, te desconectas de tu calidez, de tu armonía, de tu propia luz y como resultado, no te haces notar. Parece que hemos aceptado la idea que una mujer femenina es una mujer débil y menos inteligente que el hombre, pero eso está lejos de ser verdad.

Con frecuencia las mujeres trabajamos más duro a costa de nuestra salud, de nuestra familia y amigos porque nos sentimos presionadas por demostrar que podemos terminar las cosas al igual que los hombres; esto no tiene que ver con lo femenino o lo masculino, sino en la forma como nos organizamos para trabajar y en nuestra preparación y experiencia profesional.

En este momento, abre de nuevo tu Diario Personal y haz una lista de cada uno de los atributos que ves en ti misma, los buenos y los que tú crees que no son tan buenos. Escribe todo lo que se te venga a tu mente (de tu personalidad, en tus relaciones, etc.) Toma unos 20 minutos para hacer este ejercicio. Después, separa los que crees que se deben a tu parte femenina. ¿Cuántos son? ¿Son más los atributos femeninos o los masculinos? ¿Te gustaría trabajar más en tu lado femenino desarrollando la calidez, ternura, dulzura, delicadeza, etc.?

Para retomar el contacto con tu Presencia Personal Femenina, toma clases de movimiento corporal o de teatro; medita para conectar con tu Feminidad Interior, escucha tu respiración, sé consciente de quien eres y de lo que sientes en todo momento; habla con tu cuerpo de manera amorosa. Crea una atmósfera mental femenina y positiva. Acepta tus emociones (no las tienes que dar a notar, son personales, son tuyas).

Compra algunas flores, velas o cualquier cosa que te agrade y que ayude a manifestar tu esencia femenina y a mantenerla presente. Decora tu espacio profesional con artículos alegres, no tienes que gastar mucho, busca en internet sitios donde se muestre cómo puedes embellecer tu espacio a bajo costo para que te den ganas de estar allí por encontrar todo a tu gusto y comodidad. Rocía con un aromatizador de lavanda para relajarte. Tu espacio personal puede estar cambiando conforme tú también vayas cambiando, de modo que si compras algún detalle, pudiera no gustarte en un par de semanas; evita los pensamientos como "¿para qué gasté? ya ni me gusta" y comprende que es algo natural que suceda al irte estabilizando conforme tu esencia femenina lo haga. Solamente ten cuidado que tu estación de trabajo no sea una extensión de tu casa. No la decores como si lo fuera. Hay personas que colocan toda su colección de personajes de Disney en su oficina. Esto no se ve profesional. Mientras más te parezca la oficina un área de tu casa, más difícil te será separar el hogar de la oficina.

¿Tienes una tina en tu baño? Si no cuentas con ella, ¿Te gustaría invertir en ti comprando una para darte baños relajantes de burbujas al menos cada 15 días? ¡Esto sería fascinante! Imagina que llegas del trabajo después de un día pesadísimo y abandonas todo para aflojar tus músculos, distraer tu mente de problemas y preocupaciones y conseguir un estado de reposo físico y mental. Suena rico ¿verdad?

Platiquemos ahora sobre tu fragancia personal. ¿Tienes una? Es momento de buscar aquella especial que será exclusiva para ti, en caso que no la tengas ya. No compres sólo por "cubrir el requisito", sino toma tu tiempo para probar. Mi perfume durante muchos años fue Chanel 5 en invierno y Chanel 22 para el verano. El Chanel 22 era dulce y suave y me encantaba, pero fue descontinuado mientras que a Chanel 5 se le añadió clavo y su aroma no era igual; me llevó cinco años encontrar otro que me gustara; por cierto esto me evoca el recuerdo de mi abuelita materna quien era extremadamente femenina; ella llevaba en su bolsa un pañuelo al que había atomizado con su perfume. Cuando abría su bolsa, delicadamente la fragancia escapaba al ambiente sellando su presencia.

Algunas mujeres compran imitación de algún perfume que les gusta porque no han podido romper el auto-sabotaje del "no merecimiento". Si adquieres alguna muy buena versión o imitación de tu perfume favorito por favor no lo coloques nunca en tu cuerpo ni en tu pañuelo. ¡Tienes un cuerpo de primera clase, mujer! Cuídalo y trátalo como tal; puedes emplear dicha imitación para aromatizar tu oficina si tienes un cubículo personal, es decir, si no compartes tu cubículo con alguien más, pero únicamente allí o en tu auto.

La Presencia Femenina ¡es tu todo! desde la manera en cómo caminas, tu sonrisa, tu lenguaje verbal, no verbal y corporal, tu cuidado personal, tu imagen (a esto le dedico un capítulo por separado en este libro) incluso tu silencio. Es la seguridad que emanas al saberte dueña de ti, al sentirte cómoda siendo mujer con tu propia personalidad única.

Cuando *camines*, mueve tu cuerpo con suavidad, disfrutando cada paso, sintiéndote orgullosa de vivir en ti; tu cabeza debe ver hacia enfrente, no hacia abajo; cuida además tu postura evitando encoger los hombros y procura estar derecha utilizando la técnica conocida que nos dice que caminemos como si tuviéramos un hilo en la parte superior de la cabeza que no permite encorvarnos. Tu expresión facial debe ser amigable con un ligero levantamiento de la comisura de tus labios, esbozando una tímida sonrisa (para esto ayúdate teniendo pensamientos alegres).

También es importante tu *apariencia personal* la cual no está relacionada con el uso de maquillaje, el exceso de joyas o el tipo de cuerpo que tienes sino con el cuidado que te das. Cuando te bañes, cepilles el cabello, dientes, pongas crema, etc. concéntrate y ama lo que estás haciendo, haz de tu cuidado un gusto y evita que tu pensamiento divague. ¡Hasta puedes hablar con tu cuerpo! Mientras le pones crema agradece que está allí y dile que lo consientes para que se conserve suave y jovial. Dale la importancia que merece y ¡no! no es perder el tiempo, es darte el valor que hasta hoy no te has dado. Por ejemplo ¿en qué piensas cuando te cepillas el cabello? ¿Lo criticas o le dices que es bonito, que lo vas a cuidar con algún aceite, etc.? ¡Cambia tu pensamiento, cambia tu sensación!

Tu lenguaje verbal, tu tipo de voz, tono y acento de la región donde provienes también causan impacto. Lo más importante es evitar la rudeza, la agresión verbal, el sarcasmo y el uso de malas palabras primeramente hacia ti misma; una vez que logres hablarte con dulzura, con comprensión, con cariño, así lo harás hacia los demás. A veces somos muy duras con nosotras mismas porque "alguien" en nuestra infancia fue duro con nosotras y aprendimos a hablarnos así, a ofendernos, a decirnos que lo que hicimos está mal. Nada de lo anterior pertenece a tu esencia. Déjalo ir. Cuando te des cuenta que te hablas con enojo, que te agredes, que eres dura contigo misma, **¡deténte!** Haz una pausa y piensa: ¿Qué es lo que realmente me quiero decir? Por ejemplo, supón que se te cae un vaso con agua al piso y se rompe. ¿Qué te dices? Sin embargo, si le hubiera ocurrido a una amiga tuya en tu casa ¿Qué le hubieras dicho? ¿Verdad que no dices lo mismo? Trátate como la mejor amiga que eres de TÍ MISMA ya que eres lo más hermoso y preciado que te acompaña; sé la razón por la que te despiertas sonriendo y date todo el amor que desde siempre has merecido. Y de nuevo, tengo que insistir, que esto lleva tiempo. ¡Por cuántos años te has hablado así! se ha hecho un hábito nocivo que se debe eliminar con amor y con paciencia.

Una mujer que se presenta sensible, comprensiva, con un alto grado de inteligencia emocional y que a la vez muestra su vulnerabilidad es una Mujer con gran Presencia Femenina; posee una rara mezcla de seguridad y paz. No es una presencia aniñada, berrinchuda, que alega todo el tiempo o que se la pasa dando órdenes; he observado actitudes de niña por parte de algunas mujeres que quieren parecer "tiernas" sobre todo ante los hombres, pero la actitud infantil de una adolescente o adulta no tiene nada de tierno. Ten mucho cuidado.

Las creencias limitantes, el no ser tomadas en cuenta cuando pequeñas, la preferencia por algún hermano o hermana e incluso la preferencia de los profesores por otras compañeras o compañeros de clase, pudieran haber apagado parte de tu Presencia Personal al incrementar tu inseguridad y creer que no eras amada, que algo malo debías tener y por tanto no merecías ser, estar o tener. Piensa si en tu infancia o adolescencia sucedió algo que pudiera haberte lastimado y como consecuencia te colocaste una coraza, subiste la guardia y desarrollaste un carácter protector alejando a la gente antes que te lastimara. Trabaja con un psicólogo o Life Coach en ello si así fue. Ya nada puede lastimarte, ahora ya sabes que cada persona tiene sus propias creencias y a veces distorsionadas y que lo vivido de pequeña fueron la programación de las experiencias de otros. Ya no ocupas coraza alguna, ya no necesitas fingir y actuar como la persona que no eres para protegerte. Al darte tú misma la importancia que en verdad tienes, y reconocer que tu verdadera personalidad es importante, te pondrás en primer lugar y nadie podrá ya jamás utilizarte; no tomarás en cuenta el desprecio de otros en el remoto caso que ocurra porque estarás concentrada en tu propio crecimiento, en tu propia armonía, en tu propio mundo. No puedes controlar lo que otros crean o digan de ti, pero puedes controlar cómo responder ante lo que ellos digan. Una mujer con Presencia Personal segura, responde como una dama, es decir con silencio. No aclara ni discute, simplemente deja que las cosas se acomoden solas y continúa su camino con dignidad.

Antes recuerdo que solía reclamar cuando en alguna junta se empleaban palabras altisonantes; después lo que opté por hacer es observar si la reunión valía la pena, el jefe era el que las decía, o simplemente era una junta de compañeros que carecían de interés por superarse y en ese caso, mejor me retiraba. Muchas veces tuve que aguantar cuando algún jefe las utilizaba porque aprendí "a la mala" a ser flexible en esto. Pensé: "el vulgar es él, el inculto es él, a quien le falta vocabulario es a él y esto no puedo remediarlo". ¡Ni modo! tenía que *convencerme* y pensar así para no enojarme o salir de reuniones importantes relacionadas con mi profesión. Desgraciadamente veo que el uso de malas palabras cada vez es más frecuente, pero no por escucharlas dejas de ser femenina ni serás igual que ellos.

Lo cierto es que una vez que entras en contacto con tu Presencia Femenina, no la vas a volver a dejar, te darás cuenta que estaba dormida y ahora ¡podrás gozar plenamente de Ser Tú!

"Abrazo con amor a la imagen que tenía de mí misma

y me doy la oportunidad de renovarme"

3 TU NUEVA IMAGEN PERSONAL

La Imagen Personal en realidad es la percepción que los demás tienen de ti. Se compone de todo lo que comunicas tanto verbal como no verbalmente: tu forma de vestir, los colores que usas, tu maquillaje, tu caminar, tu Presencia Personal (capítulo anterior), lo que comes y la manera en que comes, hablas y gesticulas aunado al juicio de la otra persona, lo cual ya tiene que ver con sus propias creencias y valores; esto último no tiene que ver contigo y no lo podrás cambiar. Los juicios que alguien tenga de ti, son parte de la otra persona. ¡Imagínate! Si nos cuesta trabajo cambiar nuestros propios hábitos, valores, juicios, es imposible entrar en la mente de otro e intentar que cambie. Trabaja en ti y despreocúpate de lo que piensen o digan los demás. Cuando empiezas a darte cuenta de tu valor, será más difícil permanecer con las personas que no lo ven. Sigue avanzando. Sigo contigo.

Muchas veces la Imagen Personal se confunde con la Presencia Personal; para distinguirlas piensa en la presencia personal como el chocolate y la imagen personal como la forma que tiene ese chocolate. La forma tiene que ver con la percepción, pero el verdadero sabor lo tiene el chocolate mismo y lo ideal es la congruencia: que se vea bien y que sepa rico. ¿Cuántas veces compramos una caja de chocolates excelentemente presentada solo para darnos cuenta que los chocolates carecen de buen sabor? Fue más la mercadotecnia que la experiencia; por otro lado si la caja de los chocolates no te llama la atención, difícilmente te arriesgarás a adquirirla a menos que tengas una recomendación de primera mano acerca de su sabor. Igual sucede con las personas. Muchas se presentan muy arregladas pero están huecas por dentro, otras poseen un corazón noble, valores inigualables pero no se quieren lo suficiente y presentan una personalidad apagada por lo que pasan desapercibidas. Deben combinarse ambas de manera congruente para mostrar lo que verdaderamente eres.

Tu Nueva imagen Personal se refiere a tu Nueva Tú después de haber hecho el análisis de **21** días solicitado en la primera parte de este libro, es decir quien ahora eres y quieres. No importa el ayer, importa el hoy y lo que le sigue. Toma en cuenta que la gente que te conocía desde niña, que te llama por aquel apodo que tenías y que no te ha visto en mucho tiempo, creerá que sigues como en aquellos tiempos y hasta posiblemente bromee contigo si observa cambios (¡no podrán creer todo lo que hoy emanas!), evita enojarte con ellos, simplemente se quedaron con tu recuerdo. Guarda silencio si se mofan, verás que poco a poco aceptarán tu nueva y encantadora personalidad. Por otro lado, estás en transición, en época de cambio para lograr el éxito y tus actuales amigos no lo saben (ya que las metas se guardan en silencio ¿te acuerdas?), así que te tratarán como siempre, te orillarán a la tú que conocían sin saber de tus cambios y tampoco debes molestarte con ellos pues es lo que conocen de ti. Mantente en línea. Tú eres quien desea hacer cosas grandiosas, tú eres quien se encuentra desarrollando tu creatividad, ellos no. Si son buenos amigos, irán observando tu cambio y permanecerán contigo, si no, te criticarán por lo que es mejor dejarlos ir. Ya no los necesitas en tu hermoso presente ni en el próspero futuro que te has trazado.

El darle a tu auto-imagen un "nuevo look" no es una tarea, ¡es una experiencia alegre y divertida! ¡Estás haciendo algo grandioso para ti misma! Así que pásala bien mientras lo haces sabiendo que no tienes que estar sufriendo por lo que te haya sucedido en el pasado. Tampoco serás ya esclava de los demás ya que Tú puedes ser la creadora de la vida que deseas. Cambiarás tu vibración para estar serenamente en tu propio poder amando la vida que vives.

Volviendo a tu imagen personal, considera tu forma de vestir: ¿Cómo te habías vestido hasta antes de hoy? ¿Sentías que debías "ocultar" ciertas partes de tu cuerpo que no te gustaban? ¿Imitabas a alguien o tenías tu propio estilo? ¿Aún no te animas a llevar a cabo algunos cambios?

Vestirse adecuadamente conforme a tu nueva realidad, a veces resulta difícil ya que tendemos a criticar nuestra anatomía ajustándola a la ropa que nos gusta, cuando en realidad nuestra anatomía es perfecta y solo debemos buscar la ropa que resalte lo mejor de nosotras.

Los estereotipos de las modelos de revista, conductoras de televisión o mujeres que admiramos, por lo general han llevado a cabo algún tipo de modificación en su cuerpo o en su rostro que las hace lucir presentables para el tipo de trabajo que desempeñan; sin embargo muchas veces intentamos imitarlas comprando ropa similar en cuanto a colores y estilo y cuando nos vemos en el espejo nos damos cuenta que simplemente no nos vemos como ellas.

¿Te ha sucedido que alguna amiga compra un collar que se le ve muy bien y si tú lo tomas prestado no luce igual? Aunque el color de la piel aparentemente sea semejante al tuyo, una ligera diferencia en la forma del cuello o de la distancia al escote hará que el collar no destaque igual. Escoge tus propios accesorios y siente cómo te acompañan para lucir mejor. ¡No imites! ¡Eres única!

Aún la personalidad, que incluye si la mujer sonríe o es seria, si le gusta la playa o es una mujer ejecutiva, hará que dos prendas idénticas se muestren diferentes, ¡hasta el temperamento y la forma de caminar debe tomarse en cuenta al decidir tu prenda perfecta!

Para dar un toque femenino único, cada mujer combina su esencia personal con algún perfume; es imposible que de un mismo perfume emane el mismo aroma en dos personas. Somos exclusivas con un estilo propio y podemos vernos bien si experimentamos con diferentes combinaciones de ropa, colores, bolsas, zapatos, accesorios, etc. Eres mucho más que sólo "suficiente" y debes dedicar al menos dos horas a la semana a renovar tu imagen.

Ya te platiqué del pañuelo perfumado de mi abuelita. Esa era su característica personal. ¿Y tú? ¿Cuál te gustaría que fuera tu característica especial? Tiene que ser algo que resuene contigo, que sientas que es parte de ti, que se perciba como parte de tu naturaleza, puede ser una pluma grabada con tu inicial, una cajita especial que lleves en tu bolsa decorada con la primer letra de tu nombre en la que guardes los pañuelos desechables, etc. No tienes que decidir ahorita, cuando veas que algo resuena contigo, ¡lo sabrás! ¡Ah! y no compres cosas de segunda mano. Valórate como Mujer de Primera Clase.

Cada persona es valiosa y debemos aceptar las diferencias. ¿Has notado que algunas prefieren sentirse cómodas con lo que traen puesto mientras que otras no se permiten salir a la calle si ven que su cabello no luce perfecto? Esto se debe a que mientras algunas somos preferencialmente visuales, otras somos kinestésicas y otras auditivas. Lo anterior forma parte del Sistema Representacional de cada una. Las personas visuales tienden a vestir mejor, a usar colores brillantes y les gusta verse bien. Son más organizadas y esperan lo mismo de las demás personas (¡ojo!). Por lo regular critican a las otras personas que no visten "bien" (como a ellas les gustaría), pero es porque no pueden evitar fijarse en ello.

Las personas auditivas visten de forma conservadora, sin llamar mucho la atención y a las kinestésicas les gusta la comodidad, es decir, prefieren estar cómodas que verse bien. Si te gusta usar tenis y pantalones flojos, busca zapatos cómodos pero no lleves tenis si no vas a hacer deporte. Existe calzado adecuado y cómodo tanto para ir a trabajar como para pasear y para salir a comer. Los tenis no son zapatos de uso diario. Tienen un uso específico. Te recomiendo leer un poco más sobre los Sistemas Representacionales en algún libro de Programación Neurolingüística para aprender y entender a todas las personas. Te aseguro ayudará a comprender esto y otras cosas sobre las personas.

Visita las zapaterías, las tiendas donde venden telas, compara patrones y experimenta frente al espejo. Éste, será tu mejor consejero.

¡Haz florecer tu personalidad y luce tu feminidad! Busca colores que te den alegría, sentido de renovación, crecimiento y un toque de elegancia clásico, que te hagan sentir segura, bella y simplemente adorable.

Puedes además, consultar a un Asesor de Imagen. Organiza un taller con varias amigas y contraten su servicio por un día. De ese modo saldrá menos caro y tendrán la oportunidad de adquirir el punto de vista de un profesional mientras se divierten experimentando.

Recuerda que una combinación adecuada de ropa que te haga ver bien, te hará sentir bien. ¡Dale la bienvenida a cada estación del año y con ello luce tu colorida personalidad!

¡Prueba! Insisto. Sí. Sé que esto implica tiempo, pero eres la persona más importante en tu vida. Si te sientes bien, se te notará y acrecentará tu Presencia Personal Femenina. Dedica un día para ir a las diferentes tiendas a medirte diversos estilos de ropa; probar no necesariamente significa comprar. O haz ¡un día de amigas! Vayan juntas a celebrarse un "día de ustedes". Solo por favor, evita criticarte ante el espejo, recuerda que únicamente fuiste a notar, a percibir nuevas maneras de verte a ti misma. Es una apertura al cambio, es la flexibilidad, la posibilidad del "tal vez este estilo me quede".

Detecta lo que realmente te gusta, sin límites, sin complejos, sin esa "vocecita interior" que te dice que te ves gorda/flaca/alta/bajita; observa las cosas que realzan tu personalidad femenina. ¡Tú Puedes Hacerlo!

¿Cómo están tus manos, tus uñas y tu cabello. ¿Hace cuánto que "no tienes tiempo" o "no tienes dinero" para arreglártelos? Es necesario que calendarices estas actividades pues no estás acostumbrada a date tiempo a ti misma y eso está por cambiar. Tal vez tengas una amiga que te puede hacer el "manicure" y solo pagarías una "pedicura" en algún lugar profesional o acude a las escuelas de belleza donde las aprendices pueden practicar contigo y este embellecimiento de manos y pies te salga gratis o muy barato. Diles que irás cada 3 semanas y así pueden estar practicando contigo.

¿Hace cuánto que no te animas a cambiar tu peinado y/o tu color de cabello? ¡Existen tantas revistas que muestran diferentes estilos de corte y tintes, que es imposible continuar con tu peinado de la adolescencia! Ya eres una mujer profesionista y debes actuar como tal en todo aspecto. Ahorita es cuando debes aprovechar; después de los 45 rara vez las mujeres cambian su estilo de peinado.

Tu voz, las palabras que utilizas y tu lenguaje corporal forman una parte extremadamente importante en tu imagen personal. Es por esto que le dedico un capítulo por separado en este libro.

Otro tipo de análisis a tu imagen personal consiste en preguntar a las personas que te hayan conocido como compañera de escuela o de trabajo –si estudiabas y trabajabas a la vez-, cuáles fueron tus mejores atributos y cuáles las áreas que podrías trabajar para mejorar. Acepta lo que te digan como una oportunidad de observarte a través de los ojos de los demás sin justificarte ni criticarte o amarte menos por lo que pudieran decir. Da las gracias y anota en tu libreta por un lado tus atributos positivos y por otro las áreas de oportunidad para crecer. Observa si algunas aparecen más de dos veces. Toma en cuenta que este ejercicio es solo para notar cómo te pudieran ver tus clientes potenciales, tu jefe, tus compañeros de trabajo, etc. No seas severa contigo misma, tal vez en aquel tiempo no mostrabas todo tu potencial porque pensabas que no era necesario y además, te recuerdo nuevamente que tus amistades no te han visto en años y no saben que has cambiado; tal vez en aquel entonces tenías una barrera muy alta y fuerte y no permitías que realmente te conociesen.

Analiza y responde con objetividad: ¿Qué partes de mi personalidad deseo modificar? ¿Qué cualidades puedo maximizar? ¿Qué atributos debo resaltar para ser exitosa en mi negocio o en mi trabajo? Eres tu mejor amiga y estás llevando a cabo este ejercicio porque deseas practicar una proyección femenina y positiva. Solo unas cuantas personas tienen el valor de hacer este ejercicio sin criticarse, sin decirse "no soy lo suficientemente buena", "no tengo la capacidad". Necesitamos redirigir tu energía hacia el camino de la prosperidad y de la victoria y no de la crítica destructiva.

Dirige diariamente todos tus patrones mentales, tus hábitos y tu comportamiento hacia lograr ser esa persona; y aunque nunca seremos perfectos, si sientes que progresas hacia el ideal más alto que te hayas propuesto ser, estarás más conectada contigo misma ya que serás congruente con tu mejor versión.

Una cosa muy delicada que deseo platicarte es acerca de tu ropa interior y de tus medias: Por favor arregla bien el sostén, no te lo pongas rápido; ten cuidado de enderezar los tirantes y que los brochecitos queden todos en su lugar. Tienes que usar la ropa interior a tu medida y de tu agrado; igual las medias que no tengan hoyos (no digas "ay es que no se ven"); lo importante es que tú lo sabes, tú lo ves. Quedamos que eres la persona más importante para ti misma, por favor cuida cada detalle.

No te olvides que tu imagen personal debe ser congruente con tus valores, con tu tipo de trabajo y con tus ideales futuros. Si tratas de imitar a otra persona, te quejarás siempre de la ropa, del peinado, los zapatos y todo lo que usas, además que no se te verá natural. No uses algo que está de moda si no te sienta bien, pues no sólo es lo que usas sino cómo lo usas: tus zapatos limpios, blusas planchadas y fajadas (en su caso, si es tu tipo de ajuar) denotando que pones atención a los detalles y que eres una profesional hasta en el vestir. Los estilos clásicos y casuales deben siempre estar en tu guardarropa. Debes vestir de modo que tu atuendo no sea el único comunicado que se lleven de ti sino que recuerden el mensaje y los puntos que discutiste. En resumen, tu guardarropa es un equilibrio entre el profesionalismo y el estilo personal.

Lo que necesitas entonces es enfocarte y determinar quién eres, lo que deseas hacer en tu vida, cuáles son tus valores y tus fortalezas. Que tu guardarropa combine con ello. Concéntrate en tus características positivas pues partiendo de allí, lo único que restaría sería enfatizarlas para mostrar tu autenticidad beneficiándote al alinearte con tu verdadero "Yo". Acuérdate que si continuamente das una impresión positiva, será más fácil alcanzar la confianza de los demás.

No porque ya has elegido tu estilo significa que te quedarás con él para siempre; la edad, los cambios hormonales futuros, o tal vez nuevas modas, modelos de ropa que no habías considerado, te harán cambiar. Lo importante es que seas flexible conservando a la vez, tu identidad. Recuerda mantener una imagen personal positiva la cual depende de cómo te sientes acerca de ti misma. Eso ya lo trabajaste en el primer capítulo de este libro. De verdad, no te preocupes si no has logrado mantener una imagen positiva de ti misma al 100% todos los días pues nadie la tenemos pero trabajamos en mantenerla lo más alta posible. Es curioso cómo el sentirte confortable con quien eres impacta la manera como los demás te ven; realmente es sorprendente como la imagen adecuada, la actitud positiva, el no adoptar lo que no te corresponde (no tomar las cosas personales), disminuir tu ritmo (tener calma) y tener la percepción que el dinero no es impedimento alguno te ayuda a conseguir un mejor trato por parte de los demás. La gente siente una atracción magnética hacia las personas que poseen esa forma de ser pues no parece importarles la opinión de los otros, aunque su trato es amable en todo momento. ¡Son un enigma!

Aunque se nos dice que no hagamos juicos, en realidad la gente te mide aunque sea de manera inconsciente, en los primeros segundos que pone los ojos en ti.

Finalmente, párate derecha y... ¡sonríe!

"¡Me encuentro emocionada por ir dando forma a mis nuevos
proyectos personales que se ajustan a mi verdadera Yo!"

4. TUS PROYECTOS PERSONALES Y PROFESIONALES

Esta etapa en la que te encuentras con respecto a tus metas, es un indicador de qué tan audaz has sido en perseguirlas, en levantarte cuando te has caído, en tomar acciones dirigidas para lograrlas, en continuar aunque los demás te digan que no podrás y que de momento parezca que nada se alinea con tus proyectos. Toma lo que te ha funcionado y aprende de lo que no te funcionó. ¡Es el momento de tomar el control de tu vida!

Acuérdate que con tu nueva Personalidad que incluye a tu Presencia Femenina, pudieras tener otros propósitos y por tanto metas renovadas; con tu nueva mente abierta a las oportunidades, se te pueden ocurrir además, otras rutas para alcanzarlas.

Descubre por qué y de qué modo te sientes menos a veces. Sabes que deseas algunas cosas en la vida y en cierto modo conoces lo que se requiere para obtenerlas, al menos en teoría. Si tu empleo no te llena o buscas pareja, o tal vez ya te cansaste de tener ese sobrepeso ¿Por qué sigues atorada con eso?

No creo que desees permanecer allí, sintiéndote menos; lo que pasa es que se siente confortable mantener patrones que son seguros y predecibles. ¿A cuántas personas conoces que permanecen en un trabajo que no les gusta y año tras año se siguen quejando? Yo conozco cientos de personas así, pero la compañía para la que trabajan les proporciona un sueldo fijo y un seguro para su salud (Seguro Social, ISSSTE, etc. en México). He dado Coaching a muchas personas bajo esa situación, con sueños no cumplidos y metas no alcanzadas. Sé que se necesita mucha energía para romper ciclos tan poderosos como este, pero es posible.

Otras veces permanece uno en el mismo sitio porque queremos encajar y es difícil navegar contra la corriente y forjar tu propio camino sin la garantía del éxito. Es un camino aislado, estarás sola y probablemente no tengas el apoyo que necesitas de inmediato. De hecho esto es un factor tan fuerte, que a muchas personas ni siquiera se les ocurre hacer algo diferente de lo que hacen los demás. Te tienes que salir de ese "promedio" de vida. Si sospechas que te mantienes estancada, la mejor manera de salir de estos hábitos y patrones que te auto-sabotean es reconocerlos y dedicar un buen tiempo a pensar cuál es la raíz de ello. ¿Tienes exceso de peso para no verte bonita porque no te crees merecedora de ello? ¿Quién programó en ti esa mentira? ¿Permites que esa o esas personas rijan tu vida?

Toma tu libreta y anota tus nuevos objetivos sin limitarte. Realmente ¿Qué es lo que quieres tanto personal como profesionalmente? ¿Hasta dónde deseas llegar? ¿Qué quieres alcanzar?

Tus proyectos o metas personales y profesionales deben llevarte al mismo Propósito de vida y deben ser compatibles, conciliadas y equilibradas. Si se contraponen, no lograrás ninguna ya que tu subconsciente no sabrá qué es lo que quieres realmente. Además, olvídate del "no es posible", "es que mantengo a mis padres". A veces el mejor empuje es cuando uno tiene que salir adelante precisamente porque "no hay de otra". Por eso tan sólo escríbelas. Déjate llevar por tus verdaderos deseos. Ahorita no es el momento de pensar en el "cómo". Además tus metas tienen que ser los escalones que te dirijan finalmente hacia un solo propósito: Tu propósito de Vida.

Tendrás una o dos metas (o proyectos) principales tanto personales como profesionales. Utiliza dos páginas de tu Diario Personal para anotar lo siguiente:

En la parte superior de la página de la izquierda, anotarás tu Proyecto Personal mientras que en la página de la derecha en su parte superior tu Proyecto Profesional (nota: pudiera suceder que la meta personal cambia y entonces realizarás de nuevo el mismo ejercicio que a continuación describo).

Debajo de cada una de tus metas o proyectos escribirás 2 acciones a realizar para lograr esa meta (no son acciones que debas realizar hoy, sino que sólo sabes que debes llevar a cabo); por ejemplo, tu meta profesional puede ser escribir una propuesta de un proyecto futuro y eso colocarías en la parte superior. Debajo entonces podrías colocar: leer artículos relacionados, buscar fondos de apoyo, realizar encuestas, etc. Si requieres más de dos acciones, colócalas, pero que no sean más de 5 pues al incrementar las acciones pudieras agobiarte al no contar con el tiempo suficiente para llevarlas a cabo.

Tus metas o proyectos personales y profesionales deben además, tener un tiempo límite para cumplirse. Establece un plazo y parte cada proyecto en sub-partes para las que también deberás ponerte un plazo fijo para su cumplimiento. El tiempo que tú establezcas es único. Sólo tú conoces tus actividades y por eso te darás el suficiente tiempo (y un poco más considerando los imprevistos) para efectuarlas en su totalidad.

Algo que me parece de suma importancia que consideres, es el expresar tus metas utilizando un lenguaje positivo. En lugar de decir: Tengo que bajar 5 kilos en 1 mes, pudieras decir Me propongo lucir más bella bajando 5 kilos en un mes. ¿Notas la diferencia en la energía al leer la primera y la segunda meta? Es así como de ahora en adelante expresarás tus deseos. Esta nueva forma de expresarte será alentadora, estimulante y motivadora, logrando que lleves a cabo tus actividades con entusiasmo y ánimo.

Diariamente, además, cumples con tu trabajo en la empresa, de manera que haz tu plan matutino: En tu bitácora profesional de trabajo (sí, definitivamente recomiendo que tengas una), colocarás 5 actividades que debas realizar durante el día en tu empleo, las cuales son obligadas y debes atender; el cómo las llevarás a cabo lo define la manera en que te organizas.

No ingreses a la computadora en cuanto te levantas para leer tus correos ni entres a las redes sociales; esto es completamente anti-productivo pues te la pasarás respondiendo a las necesidades de otros y no tomarás cargo de tu vida. ¡Imagínate! y eso que apenas inicia el día y ya entregaste tu vida a otros.

Para que inicies tu día con entusiasmo, lo primero es hacer algo para ti como ejercicio, ir a caminar, bañarte, cuidando tus pensamientos mientras lo haces. Puedes preguntarte: ¿qué puedo hacer por mí hoy y que me de alegría? Haz lo posible por ser optimista. El optimismo es una fórmula mágica que crea maravillas en nuestras vidas. Después pregúntate: ¿qué compromiso voy a hacer conmigo misma que me acerque a mi meta y que cumpliré pase lo que pase?

Ahora desayuna nutritivo y bebe tu agua mientras afirmas "el agua es mi bebida favorita". Realiza tu aseo bucal, date una última revisada frente a tu espejo grande antes de salir con suficiente tiempo para arribar puntualmente a tu trabajo.

Llegando a tu oficina, por favor tampoco prendas la computadora. Primero abre tu bitácora laboral y haz tu plan. Es necesario organizar las estrategias a seguir durante tu jornada laboral y especificar los proyectos a realizar y las acciones a seguir para avanzar en ellos, por ejemplo si tu proyecto principal es escribir una publicación, entonces tendrás qué leer, hacer algunas gráficas y escribir, ya que son las componentes esenciales de dicho proyecto.
Con tus proyectos y acciones anotadas en tu bitácora laboral, lo que sigue ahora sí es abrir tu correo electrónico, ya que actualmente es uno de los medios principales de comunicación en el trabajo. ¿Sabías que puedes priorizar el orden de los mensajes que te llegan de acuerdo a las personas? Es decir, puedes programar tu cuenta de correo para que las de tu jefe estén primero y así sucesivamente.

Después que lees los correos principales, abre tu bitácora laboral y modifica tus tiempos o acciones según las nuevas prioridades (si así se te indica). Inmediatamente después cierra tu correo. No leas lo que no se relaciona con tu trabajo ni pierdas tiempo atendiendo las necesidades de los demás pues como puedes ver en tu bitácora, debes realizar muchas acciones para avanzar en tus proyectos de trabajo. Aún cuando la comunicación es vital para tu éxito en el trabajo o en tu negocio (por eso le he dedicado el capítulo siguiente completo a ello) debes dejar de pensar en abrir de nuevo tu correo. Espera al menos tres horas, haz las anotaciones necesarias y regresa a tus tareas. Lo que es urgente no se envía por correo electrónico sino que se informa por medio de llamadas. Si esperas que la bandeja de entrada te diga qué hacer en la vida, tu vida siempre girará alrededor del mundo en lugar de girar sobre el deseo de tu corazón.

Ahora, comienza a trabajar priorizando (creando una propuesta, tomando acciones, etc.) y sólo si te sobra tiempo, entonces lo dedicas a tu proyecto personal que esté relacionado con la empresa (por ejemplo, si deseas cambiar de departamento de trabajo, lee sobre el departamento al que deseas ir, etc.).

Casi al final de tu jornada laboral, regresa a la bandeja de entrada de tu correo electrónico y busca si alguna persona te mandó lo que ocupabas o si te solicitan algo, pero siempre primero avanza en tu agenda del día, es decir administra tu mundo primeramente, ten cuidado de no encontrarte "en la agenda de los demás".

Antes de salir del trabajo, escribirás en tu bitácora lo cumplido, lo que no alcanzaste a terminar y por qué (pudiera ser que tu jefe te puso a realizar una actividad urgente ante la llegada inesperada de clientes, etc. Todo esto, anótalo). No le pongas tus emociones al escribir, solo denota lo ocurrido. Si pones emociones, te quedarás pensando en por qué no pudiste terminar, qué hubieras hecho mejor, etc. y esto será agobiante. Simplemente escribe para documentar el día e iniciar el siguiente en los puntos pendientes. Deja la bitácora laboral en la oficina, en un cajón bajo llave. Ya vas a casa.

Llegar a casa significa dejar tu empleo en su lugar. No te lleves el trabajo a casa ni tu "casa al trabajo". Si mezclas las dos cosas, tendrás un desorden en tu vida y tu empleo se convertirá en tu vida, tus compañeros laborales en tu familia, descuidarás tus metas, tu apariencia personal y estarás preocupándote por los problemas de otros (como familia). Por favor separa las cosas. Infortunadamente yo aprendí a costa de mi salud (estrés).

Si vas en auto, taxi o en colectivo a casa, en el trayecto desconéctate y piensa en otra cosa o escucha música que te agrade para que llegues contenta a tu casa y le impregnes esa energía a la atmósfera a la que entras. Piensa además en las cosas bonitas que te esperan al llegar, tal vez una rica cena, un vino y un buen libro o trabajar en tu proyecto personal como escribir tu libro de poemas, componer canciones, renovar o buscar casa, etc.

Tus proyectos personales forman parte de la piedra angular de tu creatividad y autodescubrimiento y aunque no siempre resulten en ganancia económica (eso lo decides tú). Con frecuencia los beneficios a largo plazo son mucho más útiles; algunos de ellos son el crecimiento personal y tal vez hasta la generación de oportunidades profesionales. Por ejemplo, pudiera gustarte la jardinería e ingresar a un club con el objetivo de convivir con otras personas que gusten de lo mismo. ¿Qué tal si te encuentras a una persona que también comparta tu profesión o sea dueña de una empresa que solicite tus servicios? O simplemente, la jardinería puede darte mucha paz y con ello obtienes un bien más elevado que la remuneración económica.

Yo jamás hubiera considerado escribir un libro aunque siempre estaba pensando en cómo ayudar a los demás para que no pasaran por lo que yo había pasado. Cuando mi esposo sufrió su lesión cerebral, confieso que los primeros 6 meses estuve paralizada, casi sin comer y me sentía en el limbo. Pero mi fuerza interna (que es el amor) siempre ha sido mi mejor aliada y repentinamente, un buen día dije ¡BASTA! ¡Vamos! Y tomé acciones dirigidas hacia lo que realmente quería lograr y empecé. Siempre el Amor por mi familia es el que me mueve. El dinero viene por añadidura cuando haces lo que te apasiona por un Motivo Elevado. Inicié como coautora acompañando a otras personalidades reconocidas internacionalmente y ahora me permito salir adelante a la vez que juntos, en familia salimos adelante. Tuve que trabajar mucho en mí misma para saber reconocer mi esfuerzo, ser justa y me repetía continuamente algo que una vez se me ocurrió y que desde entonces no suelto: **"La justicia es pareja y me incluye"**. Te tienes que dar "palmaditas en los hombros" tú misma, mujer. No esperes que alguien más lo haga para que te puedas sentir bien y hasta entonces comenzar. No te digo que el cambio fue instantáneo, pero esta afirmación hace que mi cabeza mueva a mi corazón.

Inicia tus proyectos desde donde te encuentras, estás en tu proceso de cambio también. No inicies "cuando adelgace", "en cuanto tenga mi propio departamento", etc. Empieza AHORA y felicítate por los pasos –aunque sean pequeños- que hayas tomado durante esta semana; necesitas notar las veces que haces cosas buenas como sostener la puerta para que pase alguien (aunque no te den las gracias) ¿Por qué percibes y aprecias cuando las cosas buenas las hace otra persona pero no te congratulas cuando lo haces tú? El empezarte a tomar en cuenta en estos detalles y en otros que realizas tanto en la oficina como en tu tiempo personal, incrementa la confianza en ti y con ello te atreverás a realizar más cosas aún. Observar estos avances hará que vayas por más. Para ello tienes que vivir continuamente consciente, sin bajar la guardia ni un segundo, siempre pensando hacia dónde vas. Recuerda que si bajas la guardia y no cumples con los ejercicios descritos anteriormente, tu peor enemiga (tu antigua tú) surgirá de nuevo atormentándote con los pensamientos negativos.

No puedes esperar que el viento sople a favor de tu vela, que cambien las circunstancias para cambiar tú y obtener tus metas porque entonces nunca las lograrás. Solo acomoda la vela a favor del nuevo viento y disfruta el viaje permitiendo que las gotitas de la brisa de tu nuevo mar toquen tu rostro que ahora porta una nueva sonrisa.

Es imposible tener metas sin hábitos que las acompañen. Calendariza tus nuevos hábitos como ir a caminar (los días que te sea posible, si no puedes ir diariamente, no importa), comer sano (inicia un día a la semana si no es tu costumbre aún) junto con los otros que ya estableciste en el capítulo anterior como los son actualizarte profesionalmente, etc. Si no realizas una rutina estructurada y dispuesta de modo que te mantenga en la ruta que te has trazado, te vas a salir de ella. El reto es mantener los nuevos hábitos activos mientras los aprendes y que formen parte integral de tu Ser. Coloca mensajes en tu celular que te acuerden de tu objetivo. Prográmalo para que 3 veces al día te mande uno de esos mensajes y te endereces nuevamente en caso de haber olvidado el rumbo.

Si realmente deseas progresar y obtener tus metas tanto profesionales como personales, entonces no te permitas perder el tiempo. Cuídalo como tu mejor inversión donde tú seas quien decide donde invertir. Si las personas desean hablar contigo, debes saber de antemano específicamente qué asunto van a tratar; pregúntales con amabilidad. Hay personas que te dicen: "te tengo una buena noticia, vente a la casa", entonces dejas de hacer lo que estabas haciendo, te diriges rápidamente a su casa sólo para encontrarte con información como: "me ascendieron en mi empleo", o "me voy a París", etc. y aunque la noticia es buena, nada tiene que ver contigo y no te tienen una buena noticia, sino "se" tienen una buena noticia.

Algo muy común que sucede con la mujer profesionista (abogadas, ingenieras, médicos, etc.), es que las amistades te platican su proyecto para que les brindes tu ayuda cuando crees que te querían invitar un café y tener una conversación trivial pasando un rato agradable. Cuida de no dar consejería o asesoría profesional. Con estilo, cambia el tema pues has ido para distraerte y salir de la rutina. La mente necesita distraerse para abrirse a nuevas ideas que de otro modo no se te ocurrirían si no dejas descansar a tu cerebro. Si la persona insiste, entonces tendrás que ser más directa y decirle que "de momento deseo distraerme del trabajo/profesión y platicar de cosas diferentes". ¡No pierdas tu tiempo! Ese sí que no se recupera.

El día te pertenece. Tú eres quien elige a quién se lo regalas. Se lo puedes dar a tus proyectos o perderlo en las redes sociales. El manejo adecuado del tiempo es primordial para que logres los proyectos personales y profesionales que te has propuesto. ¿Dónde lo pierdes?

Tomar café en la oficina mientras platicas con los compañeros es improductivo ya que por lo regular las conversaciones no están relacionadas con las labores; sé que es conveniente mantener las buenas relaciones pero no pases más de 5 minutos en una charla; retírate cortésmente y no te enganches con energías baldías. Mejor, lleva una botella con gua, es más sano y evitas acercarte a la cafetera donde se encuentran aquellos a quienes les gusta perder su tiempo.

Pierdes tiempo, además, ayudando a otros a que terminen sus proyectos sin avanzar en el tuyo o dando consejos a los demás. No eres su terapeuta. Una vez que das un consejo, las personas te seguirán buscando contándote sus falsas emergencias y todo lo que ocurre en sus vidas; no podrás quitártelas de encima tan fácilmente pues te darán lástima y robarán tu tiempo. Evita a toda costa preguntarles "¿Qué tienes? te veo triste" cuando observes que llegan al trabajo con "cara larga". Simplemente no te metas. Sé que eres humana y querrás ayudar, sin embargo si no te piden ayuda, no tienes por qué ofrecerla; por otro lado si es alguien que aprecias, entonces otórgale tu tiempo fuera de oficina para platicar de su asunto y déjale claro que prefieres hacerlo de ese modo para separar la relación laboral de la amistosa. Deja entrever que no podrán conversar de esto en la oficina. Tu comportamiento debe ser profesional en el trabajo. Ve eliminando todo lo que no agregue valor o alegría a tu vida.

Para tener un mayor balance en tu vida y que el tiempo te rinda, mejora tu salud. Suena increíble, pero algo tan sencillo como el consumo excesivo de azúcar provoca cansancio, sueño y baja la autoestima. Si estás acostumbrada a ingerir tu café Macchiato, chocolates o golosinas en general durante el día, tendrás una "falsa aceleración" momentánea. La llamo "falsa aceleración" porque después se apoderará de ti el efecto contrario y es el que prevalecerá: tendrás mucho sueño, flojera y no pensarás bien y con ello, perderás más tiempo. Esta adicción por el azúcar no puede eliminarse por completo de una sola vez, ya que tu cuerpo está muy acostumbrado y a veces sientes necesitarla pero es por esto precisamente que tienes que disminuir su consumo poco a poco. Con ello, observarás que te rinde más el día, estarás de mejor humor, tendrás mejores ideas y realizarás tus tareas con mayor rapidez.

¡Aprende a delegar! Si es posible, pregunta si la empresa puede contratar a egresados que deseen realizar sus prácticas profesionales. En caso afirmativo, responsabilízate de ella (mujer preferentemente para que ayudes a alguien que está como tú estuviste cuando saliste de la escuela) y aunque tal vez durante un mes tengas que invertir tu tiempo enseñándole las tareas a realizar por ti, será una buena inversión porque además de realizar los trabajos generales que te quitan tiempo de tus proyectos profesionales, estás preparando a alguien más para que sea exitosa en su futuro. Dile, además, que lleve una bitácora laboral.

Así como agendas tus actividades laborales como lo son reuniones de trabajo, fecha de presentación de avances, etc., vas a calendarizar tus proyectos personales. Este calendario lo llevarás contigo ya sea en tu teléfono móvil o en tu bitácora personal; así, si te encuentras a una amiga que te hace una invitación, consultarás tu agenda y si has hecho el compromiso contigo misma de atender tus metas personales, amablemente declinarás dicha invitación, a menos que ésta se asocie directamente con tu propio interés. Sé organizada en todo momento. No importa si te consideran "sangrona", solamente tú sabes que estás enfocada en tu éxito. Por ejemplo, si te gusta el arte con azulejos y has hecho un plan para el miércoles de comprar las macetas que adornarás con los pedazos de azulejo que previamente has cortado y una amiga te invita a una exposición de arte en azulejo para ese miércoles, tendrás que tomar una decisión, ya que asistir a una exposición de ese tipo, te da nuevas ideas para desarrollar lo que tú ya estás haciendo. De otro modo si es para un café entre vecinas, es mejor que declines. ¡No te dejes plantada!

"Desde hoy me doy permiso de decir
lo que pienso y lo que siento, sin temor"

5 COMUNICACIÓN EFICAZ

La Comunicación es más que un simple intercambio de información. En todo momento te estás comunicando ya sea verbal o no verbalmente. Con cada palabra, actitud y acción estás enviando mensajes a tu jefe, administrador, clientes y a tus compañeros de trabajo. ¿Cuál será la percepción que tienen de ti? Sé que es una pregunta difícil de hacer, pero es importante que te la hagas y que tu respuesta sea sin remordimiento ni ataques a tu persona. Simplemente te ves en el reflejo de los ojos de los demás y escribe lo que crees que ellos ven.

Incluso, desde lejos tú misma puedes notar cómo se encuentra una persona ¿Se nota desesperada, tranquila, feliz? Cuántas veces has dicho "no, mejor ni me acerco, se ve que está enojada". ¿Cómo lo supiste? ¡Porque observaste su fisiología! Así que todo lo que dices o no dices, manda un mensaje; además del lenguaje, la forma de vestir, la manera en la que comes, el tipo de comida que prefieres, las palabras que empleas, cómo te paras o te sientas, tu expresión corporal y tu auto-imagen envían información sobre tu persona. ¿Qué mensaje estás enviando continuamente?

Si deseas que tu comunicación externa sea profesional y positiva, tu comunicación interna –es decir la que llevas a cabo contigo misma- debe ser impecable. La Comunicación Interna es la más importante, por eso se trató en el primer capítulo de este libro cuando analizaste tus pensamientos recurrentes. Si no tienes una buena comunicación contigo misma, no podrás tenerla con los demás. Es el primer reto a vencer y el más importante de tu vida, así que sé dulce contigo.

Para que se pueda llevar a cabo el proceso de comunicación, debe existir un transmisor, un receptor, un mensaje y un canal de comunicación. El transmisor es quien emite el mensaje y el receptor quien lo recibe. El transmisor debe contar con habilidades para pasar el mensaje como lo son el hablar, escribir, lenguaje de señas y el receptor debe saber escuchar, leer o interpretar el lenguaje de señas en su caso. Otras características importantes a considerar entre el emisor y el receptor son la cultura de cada uno, la posición en el sistema social, el conocimiento del tema a tratar y las actitudes de ambos respecto al tema o de uno hacia el otro.

El mensaje es la información a transmitir y el canal de comunicación puede ser el papel, el aire por donde viajan las ondas sonoras, etc.

Cada uno de nosotros tenemos una forma particular de comunicarnos, incluso hablando un mismo idioma empleamos diversos tonos, acentos y palabras. Sé abierta a la comunicación con todo tipo de personas. No desprecies a alguien por su acento o por su lugar de origen. Resulta enriquecedor aprender de las experiencias de los demás. Las personas de diferentes países y culturas, tienden a emplear gestos distintos en su comunicación no verbal que aquellos a los que estamos acostumbradas, así que en general toma en cuenta el país de origen, la localidad (si es del norte o del sur de su país), su edad, su género, cultura y estado emocional cuando intentes leer su lenguaje corporal.

Cuando trabajas para una compañía que tiene sucursales en diversas partes del mundo, lo primero que debes hacer es notar cómo llevan a cabo las tareas, ya que aún cuando los procesos son iguales, en algunos lugares hasta les dan un tiempo para hacer oración, o simplemente toman sus recesos y alimentos a otras horas. En Estados Unidos sabemos que la comida fuerte se lleva a cabo en la cena mientras que los mexicanos la llevamos a cabo entre las 2 y las 4 de la tarde. En Brasil la sopa únicamente se toma en la noche, etc. Esos detalles, entre otros, debes observar cuando te mandan a trabajar al extranjero. La Cultura debes respetar. Escucha primero y evalúa a las personas con las que tienes contacto, determina cómo hablan, lo que dicen y cómo sus compañeros reciben el mensaje.

La necesidad de entender los estándares de etiqueta a nivel internacional se ha vuelto indispensable debido al crecimiento del mercado global. Investiga lo más que puedas acerca del país al que irás a trabajar. Si conoces el lenguaje ya causaste una buena impresión. Toma en cuenta los husos horarios ya que no querrás despertara alguien o tratar de acordar una fecha límite de entrega que por la diferencia de horario sea a una hora inconveniente. Esto además es muy importante cuando programas reuniones o conferencias en línea.

En cuanto al sistema social, esto tiene que ver con la escolaridad, ideología, posición política, hábitat, ingresos económicos, etc.

Si percibes lo anterior, entonces sabrás cómo comunicarte para que el diálogo pueda ser efectivo, ya que la efectividad de tu comunicación queda determinada por la respuesta de la otra persona y no por la intención que tengas al hablar. Recuerda que lo que tú digas, será interpretado por la otra persona desde **su** mundo personal (creencias, experiencias, valores).

Es por esto que dentro de las habilidades de la comunicación con los demás, la primera a desarrollar es la de aprender a escuchar activamente y se logra:

- *Poniendo atención.*- A veces estamos preocupados por nuestros asuntos, enviamos rápidos mensajes de texto desde nuestro celular o ya nos queremos ir y no ponemos atención a quien nos está hablando. Esa persona claramente se da cuenta de nuestra falta de Presencia Personal y se siente decepcionada, incomprendida y ante sus ojos perderás credibilidad. Pon tu completa atención a las personas con las que te comunicas, evita hacer dos cosas a la vez (como oírla y mandar un texto en tu celular, etc.) ¡eso es una grosería! Además, si te enfocas en la persona, detectarás la intención que se encuentra atrás de lo que te comunica, se sentirá atendida y se abrirá más al diálogo, a establecer puntos comunes, etc.

Evitando interrumpir (incluyendo completar o responder por adelantado).- Por tratar de completar la idea de la otra persona, nos podemos equivocar pero lo que externamos, queda fijo como una posibilidad ¡cuando realmente no existe! No estamos brindando la oportunidad a que se exprese, ya que al interrumpirla indicamos que queremos que se apure y termine para tomar nosotros de nuevo la palabra; por otro lado, si "le atinamos" a lo que iba a decir, lo menospreciamos y quitamos dignidad al interrumpirlo. Observemos mejor cómo lo dice y su lenguaje no verbal.

- *Evitando los juicios mientras escuchamos.-* O escuchamos, o juzgamos, pero si juzgamos o suponemos, no escucharemos activamente; en cambio si escuchamos con atención, seremos empáticos, capaces de respetar a la otra persona y a sus sentimientos sin invalidar o cambiar nuestra propia forma de pensar.

- *Evita ayudar o solucionar prematuramente.-* Si no nos solicitan consejo, hay que evitar darlo. Algunas veces la persona sólo necesita ser escuchada antes de siquiera considerar una solución o suavizar su posición.

- *Evitando rechazar lo que dicen.-* Evita comentarios como "ay, eso no es nada", "ya no te estés quejando", "hay otros peores que tú", etc. Cada persona tiene su propio umbral de dolor. Sé comprensiva.

- *No cuentes tu historia cuando el otro quiere contar la suya.-* "¡Ah qué bien!, eso me recuerda cuando yo..." ¡No! Haz más preguntas sobre lo que te están contando. Pon interés en la conversación.

- *Parafrasea.-* Es decir, aclara lo que te dijo la otra persona usando tus propias palabras para asegurar que tu interpretación es certera. Puedes decir: "A ver si comprendí bien: me dices que...". Ten cuidado de no repetir exactamente lo que dijo el otro porque parecería burla.

El Dr. Albert Mehrabian en 1971 descubrió que en el proceso de la comunicación frente a frente, las palabras que emitimos sólo forman un pequeño porcentaje de lo que expresamos realmente. Él notó que el 55% de la comunicación la da el lenguaje corporal, el 38% el tono de voz y las palabras (contenido) sólo el 7%. Con esto podemos concluir que tu lenguaje corporal y la calidad de tu voz constantemente expresan tu experiencia interior de manera que confirma o desacredita el contenido de lo que dices.

Para establecer una comunicación con poder y por tanto, una efectiva relación con las personas, se requiere establecer un Rapport . El Rapport es una manera de actuar para hacer sentir bien a quien esté con nosotros. A esta palabra se le puede llamar también sintonía, reflejo o empatía. El Rapport es una sensación de tener algo en común con la otra persona. Para entender lo que es el Rapport, permíteme preguntarte: ¿Cómo son las personas que nos simpatizan? Son como nosotros quisiéramos ser y/o las que piensan como nosotros. Cuando acudimos a una Institución de servicios médicos como el Instituto Mexicano del Seguro Social en México, nos encontramos a gente muy simpática en la sala de espera porque hablamos de lo mismo: ¡de nuestras enfermedades! Nos sentimos comprendidas, "acompañadas en nuestros males". Tenemos algo en común con esas personas.

El Rapport es una técnica tan importante que merece un capítulo aparte. Yo te recomiendo que leas más sobre ello en cualquier libro de Programación Neurolingüística. Lo que te puedo decir en este libro, como una introducción al tema y que te será de utilidad inmediata para causar empatía, es que al menos intentes igualar el lenguaje corporal de la persona con quien te comunicas; es decir, adopta más o menos la misma postura que tu interlocutor. Cruza las piernas si él las cruza, inclínate hacia atrás o hacia adelante si él lo hace, tómate las manos si él se las toma, nada más que evita que sea obvio, tus movimientos hazlos suaves y espera unos segundos antes de hacer lo mismo; no tienes que hacer el reflejo exacto ya que se pueden igualar los movimientos de piernas que hace la otra persona, con los movimientos de nuestras manos, los movimientos del cuerpo con movimientos de la cabeza, la respiración con movimientos de un dedo de la mano a esto se le llama Rapport cruzado. Digamos que la persona cruza la pierna y agita el pie, pudiera ser demasiado obvio si haces lo mismo así que haz algo diferente, crúzate de piernas y con un dedo de tu mano, golpea ya sea tu pierna, tu brazo o la silla en que estás sentado, sólo que hazlo al mismo ritmo al que él agita su pie.

En la mayoría de los casos, para la otra persona le pasará inadvertido que estás igualando su lenguaje corporal, es decir, no a un nivel consciente. Sin embargo, a un nivel inconsciente, verá una imagen reflejada de sí misma. Como cualquier otra persona, se siente cómoda consigo misma y puesto que te ves igual a ella (en lo que se refiere al lenguaje corporal) tú no eres una persona amenazadora, entonces se siente en confianza contigo. En este punto empieza a relajarse, se derriban las barreras y la comunicación empieza a fluir. Toma en cuenta que igualar no es lo mismo que arremedar. No somos mimos.

Iguala además auditivamente la rapidez con la que habla la otra persona; si habla rápido la irritarás si hablas despacio y viceversa. La mayoría ha experimentado que al hablar enojada lo hace con mayor rapidez que como habla normalmente y cuando se nos dice "calma, no te enojes" en tono lento, nos enojamos más, pues la otra persona está cortando el "Rapport" al hablar con lentitud. También procura usar el mismo tono y timbre. Si te es posible tomar un curso de Comunicación con Programación Neurolingüística, ¡hazlo! asegurando primero que el instructor o instructora se encuentra capacitado por una instancia seria. Otras maneras de establecer Rapport es cuando compartimos valores comunes y una misma visión del mundo. Los intereses comunes, el trabajo, los amigos, aficiones, gustos, fobias y preferencia política igual, crean cierto Rapport entre las personas.

Además de aprender a comunicarnos empleando lo descrito anteriormente es indispensable ser oportuna al informar, pedir o hablar. ¡Cuántas veces solicitamos alguna cosa o proporcionamos una indicación en el momento inadecuado! Por ejemplo si das una instrucción el viernes para que sea llevada a cabo el lunes, posiblemente la persona la olvide ya que el fin de semana la gente está gozando con su familia y es lógico que regresando a sus labores no estén pensando en la última instrucción recibida.

Procura entonces, evitar hacerlo. Otro ejemplo es dar las indicaciones o comentarios antes del receso para el almuerzo o justo antes de la hora que las personas van saliendo a cenar, a disfrutar con los amigos, etc. La gente no te pondrá atención pues se encuentra anticipando la hora de partir.

Mantén congruencia entre tu comunicación verbal y la no verbal. La comunicación no verbal debe apoyar lo que estás diciendo, no contradecirlo. Si dices una cosa, pero tu lenguaje corporal dice otra, la persona que escucha sentirá que eres deshonesta, aún cuando no conozca la técnica del Rapport. Por ejemplo, no puedes decir que "sí" mientras tu cabeza se mueva diciendo un "no".

Además, la comunicación efectiva combina otro conjunto de habilidades en el que se encuentran el manejo del estrés, el reconocimiento y comprensión de tus propias emociones y las de la persona con la que te estás comunicando. Cuando te encuentras estresada o abrumada, pudieras enviar señales confusas o incorrectas dentro del mensaje que das o malinterpretar lo que dice la otra persona. Toma un tiempo para calmarte antes de continuar con la conversación. ¡No cuentes tus problemas!

Emplear un lenguaje apropiado significa además, evitar usar la jerga (o lenguaje callejero) en tu vocabulario profesional. Aún la jerga comúnmente empleada pudiera no ser bien vista en la industria donde trabajas y aunque todos la utilicen, continúa superándote incluyendo nuevas palabras que puedes aprender si ingresas a grupos de lectura o a un Club Toastmasters. Otra cosa que te aconsejo es que tomes seminarios en el área de Comunicación Efectiva ya que esto te da la oportunidad de escuchar a un experto del tema al cual puedes hacer preguntas específicas sobre el uso de tu voz. También lo que ayuda es tomar un diplomado en locución.

Tampoco emplees groserías, palabras despectivas o frases sexistas y evita los estereotipos siempre que te sea posible.

Yo no lo hice porque no lo supe a tiempo, pero se recomienda grabar tu voz y luego escucharte para eliminar tu acento fuerte (si es que lo tienes); el escucharte es una buena forma de monitorear tu progreso en este proyecto de auto-mejora.

Exprésate con oraciones completas. Las personas no pueden adivinar lo que piensas y completarán con lo que ellos *creen* que ibas a decir.

Otros consejos valiosos y que parecen de sentido común (aunque como dicen por allí "el sentido común no es una práctica común") son: Si tienes contestadora automática, personaliza el mensaje que dejas en tu buzón de voz para que las personas se sientan atendidas cuando no estás. Devuelve las llamadas antes de las 24 horas aunque sea para decir que proporcionarás la información solicitada en una fecha posterior.

Si estás en una reunión y entra la llamada, por favor pide permiso al que llama antes de poner a la persona en altavoz y coméntale quiénes están reunidos en ese momento. Puedes decir algo como "Buenos días, aquí nos encontramos en la reunión semanal Jorge, Alicia, Manuel y Rosa María. ¿Deseas que te ponga en altavoz?"

Si se van a reunir en la oficina de una persona, no llegues muy temprano pues los pudieras hacer sentir incómodos. Tampoco llegues tarde. Si te sucede un imprevisto, llama a alguien que también esté o vaya a estar en la reunión para avisar. Se recomienda arribar 5 minutos antes de que inicie la reunión; sólo en caso de una entrevista, la recomendación es llegar 10 minutos antes.

También cuida la ortografía en tus correos electrónicos. No debes tratarlos como correos personales, son correos profesionales. Usa la letra mayúscula sólo en la primera letra de los nombres propios, ya que tanto usar solamente letras mayúsculas, subrayar algunas palabras, poner itálicas o cambiar el tamaño de la letra en algunas palabras puede cambiar de tono el correo electrónico enviado o incluso sentirse agresivo.

Y el consejo más importante: sé honesta, sencilla, con un amplio vocabulario que podrás adaptar dependiendo a quién comunicas tu mensaje; es diferente comunicarte con un niño de 5 años que con un colega de profesión. En este mundo donde a veces parece que la palabra de la persona ya no vale porque no la cumple, te distinguirás si te comunicas empleando todo lo anterior de una manera franca, abierta y cordial.

*"Mi trabajo me permite descubrir y desarrollar
mi creatividad en un ambiente seguro"*

6 COMPORTMIENTO PROFESIONAL

Para tener éxito en   nuestra profesión, no es necesario que actuemos como los hombres (nota que dice "actuemos" porque no es parte de nuestra naturaleza, sino que "actuamos" como ellos).

Debes saber que el mundo no es sólo de los hombres, sino que está lleno de oportunidades para todos, ¡pero no sabemos cómo hacernos escuchar como mujeres! Creemos que los hombres no toman en cuenta nuestras propuestas, ideas, etc. siendo que ellos son muy diferentes a nosotras; ellos son prácticos y si intuyen que la   conversación   no   está   llevando   a   objetivo   alguno, inmediatamente dejan de poner atención. La mujer, por otro lado, ocupa más palabras para decir las cosas y esa es una de las diferencias por las que muchas veces, no se da una comunicación adecuada.

La única manera en que puedes ser equitativa con un masculino, es sencillamente estar en tu femenino. Nadie nos ha enseñado la fuerza de le feminidad y por eso creemos que necesitamos estar al mismo nivel de los hombres para "ganarles en su juego"; si vas a competir contra un hombre ya sea por un empleo, por un proyecto o por un ascenso laboral y te quieres poner en masculino, ¿quién crees que va a ganar? Para que la competencia pueda darse al mismo nivel, tienes que estar en tu completa presencia femenina.

Libera el poder femenino que se encuentra en ti. Su dulzura, compasión, intuición y apertura no se oponen a la capacidad, intelecto y habilidades que posees. Tal vez no has pensado en lo anterior, no te has permitido creerlo o integrarlo en tu vida profesional y es por esto precisamente que llevaste a cabo la concientización personal durante 21 días, para comprender quién eres, dónde te encuentras y la imagen que proyectas sin tener dificultad alguna al modificar cualquier cosa que sea necesaria para alcanzar todos tus deseos, sin dejar de ser tú misma para poder competir o colaborar en lograr el cumplimiento de los objetivos laborales.

Desde que entras a la empresa/institución ya estás enviando un mensaje de tu persona; por ello quiero brindarte algunos consejos prácticos cuando vayas a solicitar algún puesto en una Compañía. Voy a separarlos en 3 partes: consideraciones a tomar antes de la entrevista, durante la entrevista y ya en tu trabajo para que te prepares y puedas triunfar en lo que profesionalmente te propongas.

Antes de la entrevista:

Asegúrate de documentarte primero acerca de la Empresa a la que acudirás a solicitar el empleo. ¿Es una compañía internacional o nacional? ¿Conoces su Misión y su Visión? ¿Qué productos y/o servicios manejan? ¡Amplía tu propia expectativa! Tal vez ibas por un puesto y encontraste otro que se ajusta mejor a tus habilidades y objetivos profesionales.

Fíjate cuántos trabajadores tiene y cuál es su cadena de mando. ¿Tiene sucursales? ¿Te pudieran enviar a capacitación a otro lugar? y en caso afirmativo, ¿estarías dispuesta a hacerlo? Esta empresa ¿Te permitirá crecer profesionalmente?

Entra a su sitio web. Observa y documenta. Entérate de una manera discreta si existe un programa de ascenso laboral, si la empresa favorece tanto a hombres como mujeres (es decir, si manejan equidad y género) y cuántos años lleva funcionando. Si deseas un trabajo estable no es conveniente colaborar en una compañía que pudiera cerrar en pocos años.

Supongo que ya tienes preparado tu Currículum Vitae. Vuélvelo a leer como si fueras el encargado de Recursos Humanos de esa empresa, llamémosla Empresa X a la que vas a ir. ¿Estarías interesado en contratarte? ¿Cuáles son las fortalezas que observas y que se relacionan con el puesto solicitado? ¿Cuáles son las debilidades?

Para superar las debilidades busca si la Empresa X ofrece cursos de capacitación, o acude a la oficina de Educación Continua de las Instituciones Educativas reconocidas y entérate de los cursos que ofrecen o toma algún curso en línea. Tal vez puedes convertir esa debilidad en una de tus mayores fortalezas.

Si conoces a alguien que ya labora en dicha Empresa, deja que te cuente lo que allí ocurre en cuanto a la forma de trabajo, las oportunidades, la seguridad, etc., antes de acudir a la entrevista; escucha mucho más de lo que hables. Ten presente que es tan solo un punto de vista y eso significa una visión parcial pero podrás conocer algunas características generales.

Una vez que estés bien informada, agrega tu toque personal: tu tarjeta de presentación. La dejarás junto con tu Currículum Vitae. Tu tarjeta de presentación es "tu marca" así que busca un negocio reconocido que te diseñe tu tarjeta y tu logo. No la imprimas tú misma, deja que los profesionales se encarguen. Planea y haz todo a detalle. Estás dejando tu huella personal en cada acto y comportamiento.

Ahora que ya te has documentado adecuadamente, tienes tu CV listo y tus tarjetas cuidadosamente elaboradas. ¿Qué te vas a poner para acudir a la entrevista? Procura usar discretamente en tu vestimenta los colores del logo de la empresa, ya sea en la blusa y tu chal o la blusa y los aretes. Entrarás en el subconsciente de quien te entrevista y sentirá que ya formas parte de la Compañía. ¡Claro! Si es que los colores te favorecen. También pudieras usar un solo color de aquellos que componen el logo de esa Empresa. Toma en cuenta los Valores de la Compañía y el tipo de ambiente de trabajo.

Recuerdo en una ocasión me encontré a una profesionista recién egresada, coquetamente vestida con una blusa delgada, translúcida, con el cuello tipo ojal que permite ver tus hombros. Ella estaba desesperadamente buscando empleo y así vestida iría a las oficinas de La Marina a solicitar trabajo. ¡Qué bueno que me la encontré! Ella fue una excelente estudiante, dedicada, con altas calificaciones y estoy segura que será una excelente profesionista, sin embargo, al lugar donde iba a solicitar trabajo, viviendo en un país machista (no lo promuevo, solo digo la realidad) no iba vestida adecuadamente. Le dije que era mejor si se cambiaba de ropa antes de acudir e inocentemente me preguntó ¿por qué? y le expliqué un poco sobre la imagen personal.

No te recomiendo que para la entrevista uses perfume ni loción. Los aromas evocan recuerdos y lo que menos deseas es que la esposa de quien te entrevista use el mismo perfume, o que tal si la enemiga mortal número 1 de la entrevistadora usa tu mismo perfume o loción; es por esto por lo que el jabón sigue siendo el aroma/fragancia preferido en esta ocasión. Pudiera suceder, además, que la persona que te entrevista fuese alérgica a los perfumes o a alguna sustancia que tiene el tuyo. Lo que más deseas es que lea tu Currículum y no distraer su mente en otras cosas.

Muy importante es el tipo de ropa que te vas a poner en ese día. No compres algo nuevo para usar en tu entrevista porque puede fallar. En su lugar, usa una ropa que garantiza te verás bien y que sea cómoda para que al sentarte no tengas que estarla ajustando si se te desacomodó. Tu escote debe ser discreto. O ¿qué tipo de atributos deseas mostrar que posees? Te aseguro que si llegas con una falda muy corta, la ropa apretada y/o un escote profundo ya te ganaste la enemistad de la mayoría de las mujeres que trabajan allí y causarás una impresión inadecuada al entrevistador. Usa ropa cómoda, linda y apropiada para el tipo de trabajo que vas a desempeñar. ¿Eres ingeniera civil? Te vestirás muy diferente en comparación como viste una mujer que busca el puesto de contadora y eso no tiene nada de malo. No te esfuerces por parecer alguien que no eres ya que si lo haces para obtener el empleo, no durarás mucho allí al haber perdido tu autenticidad.

En general tampoco recomiendo que uses zapatos con tacones muy altos pues estarás preocupada por no caerte y no estarás en tu completa Presencia Personal Femenina. Si usas calzado abierto, que tus pies y uñas de los mismos se noten cuidados.

Los aretes deben ser de tamaño pequeño o medio y puedes añadir una pulsera o una cadena con un dije sencillo. La delicadeza de la simplicidad es incomparablemente femenina. En cuanto a la bolsa que sea profesional donde puedas incluir un cuaderno o agenda para notas, tu pluma, un estuche pequeño que contenga lo esencial del maquillaje y pañuelos. No es necesario llevar tu computadora a la entrevista a menos que específicamente se te solicite. Lo que debes evitar a toda costa es llevar una mochila. ¡Ya no eres estudiante!

Usa un maquillaje ligero de manera que si hace calor, no queden hilos de pintura en tu rostro por el sudor. Y en cuanto al cabello, es recomendable evitar cortártelo un día antes, incluso una semana antes de la entrevista ya que un cabello recién cortado difícilmente se acomoda rápidamente. Además para incrementar tu profesionalismo te recomiendo lleves el cabello recogido o semi-recogido (lo que llamamos *media cola*) sin colocar un moño, ya que darías una imagen aniñada.

Otro distractor en la entrevista de trabajo, es el color de tu lápiz labial. Evita los colores intensos que además pudieran mancharte los dientes; utiliza un color suave para que solo se ponga atención a las palabras que salen de tu boca y no a la misma boca.

¿Cómo están tus uñas? Tus uñas deben estar cortas o tener un tamaño medio, limpias y con una manicura. Fíjate que he notado que las personas se fijan mucho en las manos y uñas de los demás, entonces deberás ocuparte en este sentido. Usa brillo solamente. Por cierto, nada de lo anterior es abrumador. Estás invirtiendo completamente en ti misma pues ahora ya estás adueñándote de tu vida y progresando.

Finalmente, antes que entres a la oficina de quien te va a entrevistar, apaga tu celular. No. No lo pongas en vibrador que también se alcanza a escuchar. Apágalo. Demuestra respeto por quien te va a entrevistar. Créeme. He realizado cientos de entrevistas y cuando el celular vibra el entrevistado empieza a ponerse nervioso y ya no puede concentrarse; cuando dejan el celular prendido durante la entrevista y suena, simplemente no los contrato. Hay unos que contestan el teléfono mientras están siendo entrevistados y me han dicho: "espéreme un momentito" y se ponen a platicar. Yo, me levanto del asiento en señal de "ya perdí el interés por ti y te puedes retirar".

Durante la entrevista:

Escucha con atención. Sé observadora. Tu entrevistador/a te está comunicando algo, ya sea verbal o no verbalmente desde el momento que entras a su oficina al igual que tú le estás comunicando desde que abres la puerta. Deja que hable y nunca lo/la interrumpas. Cuando respondas, intenta imitar su estilo y ritmo al hablar como se te comentó en el Capítulo 5. En cuanto al estilo, me refiero por ejemplo que si dice refresco y tú dices "soda" no te costaría mucho cambiar la palabra por refresco. Evita corregir si tu entrevistador/a utiliza mal el lenguaje y no uses palabras inapropiadas (groserías) ni entres en temas político partidistas, de religión u orientación sexual.

Si la persona que entrevista te hace alguna pregunta o comentario acerca de estos temas, entonces desvía la conversación pero no respondas. Si eso hace que pierdas el trabajo (que no creo) imagina sólo cómo sería trabajar en un ambiente hostil donde se confunde la actitud u opinión hacia algún tema con el desempeño laboral.

Otra situación en la que a veces caemos es hablar más de lo que se necesita saber. Prepárate con tiempo, enfoca tus respuestas a lo ya preparado (recuerda que ya conoces la Misión, Visión, Objetivos, Organigrama de la Empresa y otras cosas más). No te portes de manera confianzuda. La entrevista es una sesión profesional para hablar de un puesto que se ofrece y aunque es importante traer nueva energía y entusiasmo a la entrevista, no vas a hacer nuevos amigos. Puedes hacer preguntas relevantes desde tu postura como una candidata interesada en el empleo. Que tus preguntas no sean sobre tus vacaciones ni alguna exigencia o consideración personal como ¿Me pagarían la guardería de mi hijo? O ¿puedo salir los miércoles más temprano porque tengo una clase... o porque mi esposo... o porque mi hija... etc.?

Hay un equilibrio entre la confianza, el profesionalismo y la modestia. Tú estás bien preparada. Sabes que puedes hacer ese trabajo y no necesitas parecer desesperada (aunque lo estés). Tienes la magia de tu Presencia Personal Femenina, el conocimiento, la destreza y las ganas de laborar.

En el Trabajo:

No te vistas para impresionar a otros; vístete para trabajar cuidando siempre tu propia personalidad como mujer. Además cada carrera o profesión está asociada a una forma de vestir preferencial. Nunca critiques a las personas que no se visten como tú crees que deberían hacerlo. Como ya te sugerí anteriormente, lee un poco más sobre las personas visuales, las auditivas y las kinestésicas y notarás la diferencia en sus gustos para vestir, hablar y otras características. Sigue el código de vestimenta de la oficina, vistiéndote un poquito por encima de las demás, pero tan solo un poco, no querrás parecer engreída.

Ser femenina no significa portarte como niña consentida, asumiendo una posición de debilidad para que hagan las cosas por ti porque "tú no puedes". Si no puedes con las tareas encomendadas simplemente significa que te tienes que preparar mejor o que tal vez éste no sea el mejor empleo para ti; evita quejarte, hacer caras de niña y modificar tu voz para que parezca infantil y estar pidiendo ayuda constantemente. Eso te demerita.

Recuerdo en una ocasión me dijo mi jefe del Centro de Investigación donde laboraba que si yo me hiciera la débil y pidiera las cosas en vez de intentar hacerlas yo misma, todo se me daría, incluso ¡hasta un ascenso! ¡Yo solo quería aprender para luego hacer! ¡No quería depender de alguien! En ese entonces no comprendí y me enojé; con los años he agradecido su sinceridad pues es cierto: si te vuelves débil, muchos hombres te ayudarán, pero ¡cuidado! pues posteriormente querrán algo a cambio que no te va a gustar. Eso ten por seguro.

En todo momento cuida tu dignidad y deja el orgullo fuera de tu Ser. Hay una diferencia abismal entre ambos. Según la Real Academia Española, el orgullo se define como arrogancia, vanidad, exceso de estimación propia, mientras que la dignidad es sinónimo de excelencia, realce y decoro de las personas en la manera de comportarse. Aprende a distinguir entre ambos. Es muy importante que lo hagas para salir de ciertas situaciones "incómodas" que se te presentarán. Nadie estamos exentos de ellas.

Últimamente he notado que la gente lleva su cepillo de dientes y pasta al trabajo. Es muy incómodo entrar al baño y ver a alguien que se está lavando los dientes o encontrarte cepillos dentales remojándose en un vaso, cepillos de cabello, cabello en el lavamanos, tazas con un poco de café, cucharas, etc. No es el sitio adecuado. Si llevas tu propia taza al trabajo porque se te permite tomar café, lleva esa taza de regreso a tu casa cada día y lávala allá. A menos que tu lugar de trabajo tenga una cocina, entonces podrás lavar en el lavaplatos pero nunca en el lavamanos del baño. Tengo grabada una imagen -en uno de los lugares donde trabajé- de una persona que paseaba por los pasillos cepillándose sus dientes. ¡Son impresiones que no se olvidan! Por favor, que no te recuerden por ese tipo de cosas.

Cuida tu reputación personal en las redes sociales. Tu reputación debe importarte. Sabes que te *"investigarán"* ya sea tus colaboradores o tus superiores. Tu nombre en las redes sociales debe ser el propio, evita el uso de sobrenombres tanto en Facebook como en tu correo electrónico. Piensa profesional, actúa profesional y sé profesional. Elige una foto para tus perfiles acorde a lo que quieres que vean los demás en ti. Piensa antes de escribir en las palabras y el modo en el que vas a decir lo que quieres expresar. Una buena práctica que se aconseja es que si vas a enviar un correo electrónico, primero escribas el cuerpo del mensaje y posteriormente la introducción y la despedida del mismo; sólo después de múltiples revisiones hasta quedar a tu satisfacción, escribirás el nombre del destinatario.

Aprende los nombres de los compañeros (¡apréndetelos rápido!), la gente se da cuenta cuando no sabes su nombre y pueden interpretar esto como un signo de que no los valoras. Tampoco hagas juicios de valor sobre la importancia de las personas en el trabajo. Todas las personas merecen nuestro respeto.

Cuando te presenten a una persona, da la mano tocando palma con palma y con firmeza sin usar fuerza. Párate derecha y haz contacto visual y siempre voltea de frente al hablar con ellas.

Mantén tu espacio laboral muy profesional y limpio con tu toque personal adecuado. Cuando la gente ve nuestro espacio personal lo consideran un reflejo de uno. Sé respetuosa con los espacios, cubículos u oficinas de los demás. No entres sin tocar y no te sientes sin que te inviten a hacerlo.

Cuando veas que una persona está al teléfono, no lo interrumpas ni trates de comunicarte con ellos verbalmente o a señas pues la persona está ocupada (la llamada puede ser más importante de lo que tú le vienes a decir) y posiblemente te dé una respuesta rápida, no pensada que tendrá consecuencias devastadoras. Permite que termine y que ponga toda la atención a lo que le vas a decir.

No comas dentro de la oficina. Los olores o ruidos de los envoltorios de la comida pueden distraer a los demás que se encuentran trabajando.

Indudablemente, te invitarán a fiestas de la Compañía tales como Aniversarios o a festejar el cierre de un trato. A continuación te doy algunos consejos inviolables:

No lleves niños. Si no tienes con quien dejarlos, simplemente no vayas; no se vale pedirle permiso al jefe para llevarlos ya que te dirá que sí pero por dentro quiere decirte que no. Nadie estará a gusto, ni los invitados ni los niños aunque sean bebés y creas que se quedarán dormidos mientras te diviertes. ¿Dónde dormitarían? ¿Pedirías a los anfitriones te permitieran su recámara para dejar al bebé? de verdad, mejor no vayas.

Llega a tiempo aunque nadie lo haga. Pregunta al anfitrión la hora real a la que hay que llegar. Tú eres puntual, es tu característica que te llevas a dondequiera que vayas. Nunca se me va a olvidar una ocasión en la que un grupo de 5 profesores mexicanos de matemáticas fuimos elegidos para acudir en Texas a un Congreso con todos los gastos pagados. Se nos invitó a una cena de bienvenida con un horario de entrada y salida fijos. Al llegar, mis compañeros se dieron cuenta que en el salón contiguo a donde se celebraba el evento, había otro diferente organizado por profesores latinoamericanos que daban clases de matemáticas en Estados Unidos. Mis compañeros dijeron que preferían ir allí "un ratito" y que luego se incorporarían a la otra reunión (Nota: a esa reunión donde se iban a "incorporar" no estábamos invitados); por más que les insistí que era una grosería despreciar a quienes nos habían convidado, hicieron caso omiso y fueron a la fiesta latina. Ingresé sola al lugar y me di cuenta que había más maestros de matemáticas de diferentes países invitados con gastos pagados por la Asociación Nacional de Profesores de Matemáticas de E.U. algunos eran alemanes, otros australianos, etc. Había varias mesas redondas: unas con 2 sillas, otras más grandes con 6 sillas, etc. Decidí sentarme en la que tenía dos sillas, pues si iba sola ¿para qué ocupar una mesa grande?

Una señora mayor me preguntó si podía sentarse conmigo a la mesa a lo que gustosamente accedí. Platicamos mucho de diversos temas y le comenté que teníamos alumnos de escasos recursos y que sería muy bueno que contaran con calculadoras que graficaran, que algunos ni calculadoras tenían. Ella me miró muy seria y me preguntó: ¿Cómo cuántas calculadoras aproximadamente necesitas? Le dije que aproximadamente treinta. Inmediatamente se paró sin decir palabra mientras yo me preguntaba si la había ofendido. Regresó con el Presidente de Texas Instruments, y aseguró que se enviaran 30 calculadoras a mi domicilio con la confianza en que yo sabría a quien darlas. ¡Fue como un sueño! Obviamente, las calculadoras llegaron y fueron otorgadas a personas de escasos recursos y un profesor que sabía manejarlas a la perfección se encargó de mostrar su funcionamiento.

Estas son oportunidades únicas. De no haber sido como soy, hubiera ido a la reunión latina y no habría conocido a tan noble alma y lo más importante, los alumnos no hubieran tenido sus calculadoras.

Así como llegaste a tiempo, debes retirarte de igual modo. No te quedes más de la cuenta porque estás participando de una conversación interesante. Debes saber cuándo y cómo retirarte con prudencia.

Planea lo que te vas a poner. Una fiesta de la empresa no es la ocasión adecuada para portar un enorme escote.

Si la fiesta es en una casa, pregunta si hay que llevar algo pero no por ser mujer te deben encargar el platillo fuerte y tú acceder a llevarlo y/o servirle a todos. Por favor, no lo hagas. Ayuda si es necesario e invita a otros a que ayuden también. ¿Es casa de familia? ¿Estará la esposa o en su caso el esposo? ¿Cuántas personas van a ir? ¿Llevarán a sus parejas? Todo eso tienes que saber con anticipación. Si es casa de una familia, lleva un detalle a manera de obsequio para la esposa del anfitrión, pero si tu jefa es mujer entonces no le compres algo a su esposo. Desgraciadamente, se malinterpreta cuando es así, aunque no esté de acuerdo con ello, mis consejos están basados tanto en propias experiencias como en experiencias de otras mujeres profesionistas de Latinoamérica quienes son mis clientas de mi práctica de Coaching.

No le des el teléfono de tu casa a tu jefe, ni a los compañeros de la oficina, tampoco pidas el de la casa de tus autoridades superiores. Hay tiempos para todo. Deben respetar tu hogar y tú respetar el de ellos. Como quiera el celular lo puedes apagar para comer pacíficamente con tus seres queridos y evitar interrupciones innecesarias.

Por último deseo recordarte que actualmente la diversidad de tendencias y gustos se ha expandido por lo que es indispensable que mantengas una mente abierta aún hacia las cosas que no te gustan o con las que no estás de acuerdo. El no estar de acuerdo no significa que tengas que enojarte, gritar o pelear. Si es necesario otorgar tu punto de vista dalo pacíficamente recordando que provenimos de formaciones distintas; la diferencia es que tú tienes un comportamiento que responde a estándares más elevados.

"Cada pieza fundamental en mi vida es valiosa.
Ahora aprendo a disfrutar y a dar el espacio con toda mi Presencia"

7 TU TRABAJO, TU FAMILIA Y TU VIDA SOCIAL

Actualmente pareciera que el trabajo se apodera de nuestras vidas y si no estamos atentas a lograr un equilibrio cómodo entre nuestra vida personal y nuestro trabajo, podríamos tener conflictos entre ambos además del estrés que resulta de ello y la carga laboral que parece incrementarse día con día. Por lo regular lo que se hace es descuidar a la familia o a los amigos para conservar el empleo y con ello mantener a los nuestros, es decir, se genera un círculo pero de ninguna manera podremos recuperar el tiempo perdido, las anécdotas de sobremesa, las charlas con la familia y si tienes hijos las conversaciones y enseñanzas cuando los recoges al salir de la escuela.

Aún cuando existe una herramienta La Rueda de la Vida", que es un instrumento de análisis donde se exhiben las áreas como la familia, el trabajo, la salud, finanzas, etc., en la que por medio de preguntas y respuestas se va identificando gráficamente el estado actual de cada una de dichas áreas observando en cuáles se tiene que trabajar más para lograr un equilibrio entre todas ellas, hoy en día -desde mi punto de vista- es muy difícil encontrar dicho equilibrio ya que se requieren ajustes continuos porque a veces se nos presenta una oportunidad laboral o una fecha límite para entregar algún trabajo y una pudiera descuidar su salud al comer rápidamente, dejar a la familia a un lado y no ejercitarse con tal de preparase o terminar a tiempo. Difícilmente encontraremos el estado ideal y a pesar de conocer cuál es la parte que estamos descuidando, priorizamos en nuestra vida lo que es urgente antes de lo importante.

No existe una fórmula general para mantener una vida

equilibrada. La decisión de cómo combinar mejor la profesión, la pareja, los hijos, los amigos y uno mismo, es personal conforme a tus necesidades y gustos. Por ejemplo, si trabajas medio tiempo, la manera en la que te organizas será diferente a la de una persona que trabaja tiempo completo, al igual que si tienes hijos o no. Aún, dos personas que trabajan medio tiempo, tienen condiciones y pasiones diferentes por lo que la preferencia sobre lo que se le da importancia, también difiere.

Lo que sí debes anticipar, es que entre el trabajo, la familia y la vida social, las sorpresas son inevitables. Prepárate creando planes de respaldo y de emergencia como contar con el número telefónico de una amiga que te pueda ayudar a llevar a los niños a la escuela si amanece tu carro ponchado, cocinar en grandes cantidades y congelar porciones para que cuando no tengas tiempo de hacer de comer puedas comer comida casera, etc. Además, a veces tendrás que salir del trabajo por alguna emergencia familiar o trabajar hasta altas horas de la noche para concluir un proyecto o presentación. Esto también forma parte de las cosas que se tienen que hacer. En todo momento pon atención a tu energía, siente cómo te encuentras y evita agobiarte; considérate en primer lugar. Si lo haces y te equilibras energéticamente, las cosas te saldrán mejor.

Lo que te sugiero es que establezcas un plan de organización inicialmente a manera de borrador, como a ti se te ocurra, sin ser perfeccionista y conforme a tus propios estándares de vida sin cambiar ni adaptar las necesidades de tu pareja o hijos a las tuyas por ahora. Después, pregúntate en dónde puedes optimizar o ceder tiempo sin poner en riesgo tu trabajo. Posteriormente coloca las necesidades de tus hijos, de tu familia y por último acomoda tu vida social. Ahora, revisa tu escrito y piensa en qué meses del año tienes mayores compromisos, se te junta más el trabajo, denota los días festivos, etc. y reorganiza tus actividades para esos momentos (por ejemplo en días festivos puedes organizar algo con la familia o si eres soltera entonces puedes adelantar trabajo o cocinar con anticipación, etc.). El conocer con antelación que existen tiempos donde estarás más apurada te ayuda a prever, planificar y aceptar la reorganización que llevarás a cabo. Esto reducirá el estrés y las prisas. Muchos de los problemas dentro de las Organizaciones es la falta de Planeación y es por eso que todo se pide "urgentemente", pues no hay actividades calendarizadas con antelación aún sabiendo que existen fechas específicas para reportar a Hacienda, entregar trabajos, revisiones de Seguridad e Higiene, etc.

Tampoco te digo que dejes a un lado tu vida social, pero la vida familiar va antes que la vida social. Además es importante mantener la vida social en pareja así como la vida social con tus propias amigas y crear nuevos vínculos amistosos.

No te olvides de establecer límites. Determina para ti lo que es un comportamiento aceptable por parte de los demás y lo que no aceptas. Los límites definen cómo te encargas de tu tiempo y de tu espacio. Si no estableces límites, te será difícil decir que no a las peticiones o necesidades de los demás.

Rehúsate a tener un sentimiento de remordimiento. El remordimiento de conciencia drena tu energía emocional e inmoviliza tu presente. Dile a tu cabeza que te ayude con la lógica para contrarrestar ese remordimiento y que puedas mantener en curso tu esfuerzo para equilibrar el trabajo, la vida familiar y tu vida social y es que muchas veces nos decimos: "Hace tiempo que no ayudo a mi compañera para que termine pronto…" y vienen todos esos pensamientos que nos hacen sentir mal. El pensamiento lógico pudiera ser: "He ayudado a mi compañera en diversas ocasiones y me da gusto haberlo hecho. Hoy, ella ya debió haber aprendido y capacitarse mejor, yo quiero ir a mi casa y lo haré". Los momentos familiares o con las amistades merecen tu completa atención. Las relaciones con tu pareja y/o con tus hijos son parte fundamental de tu éxito ya que si estás bien con ellos que son lo que más amas, te das poder para continuar con lo demás.

¿Por qué creer que la mujer no puede tenerlo "todo"? ¿Qué significa "todo"? Significa lograr lo que deseas mientras ello dependa sólo de ti. Allí sí puedes tenerlo "todo". Pensamos mejor en un "todo" que sea realista, empezando por tu primera prioridad; esa es la que estoy segura que puedes lograr. Lo demás depende de cómo interactúes con los demás, de la economía del país o países donde te encuentres trabajando, de tus habilidades y tiempo para encargarte de las varias tareas y de las emergencias que puedan ocurrir en tu vida (que tal vez hagan cambiar tus prioridades).

<u>Prioriza tu autocuidado</u>. Ya tocamos este punto anteriormente, ahora se recomienda que le des preferencia. ¡Piensa en ti en todo aspecto y en todo momento!¡Date tu valor!

A veces decimos que no tenemos tiempo para hacer ejercicio porque tenemos muchos pendientes, pero busca tus espacios, no importa si sólo son 15 minutos en la mañana y otros 20 en la tarde. No te abandones. Por ejemplo, si tienes un horario quebrado en tu trabajo, puedes hacer ejercicio a la hora que salgas de comer. Regresarás revitalizada a trabajar con energía y entusiasmo. Encuentra la manera de tomar en cuenta las necesidades de tu cuerpo.

Por favor duerme tus 8 horas como mínimo, busca el horario perfecto para ello. El dormir una vez 6 horas y "compensar" durmiendo 12 horas al día siguiente sólo descontrola a tu mente y no te da el descanso que necesitas.

Yo no le di prioridad a mi cuidado -debo confesar-, justificando andar siempre apurada debido a las necesidades especiales de mi esposo siendo yo su cuidadora principal. Terminaba tan cansada que sólo quería dormir (a la medianoche aproximadamente) para levantarme al día siguiente a las 4 de la mañana y dejar todo listo al muchacho que lo cuidaba y le daba terapia e irme a trabajar. Pero ¿sabes? Aunque los fines de semana yo me quedaba en la noche a cuidarlo sin dormir para poder darle sus cambios de posición requeridos, me pude haber cuidado más, por ejemplo poniéndome mascarillas de miel con leche en el rostro en la noche mientras cocinaba para dejar lista la comida del siguiente día y no lo hice. La consecuencia del cansancio combinado con el estrés para la piel, es peor que las consecuencias del sol. Tú, no te descuides. Recuerda que te estoy brindando mi experiencia en este libro para que aprendas de ello y evites cometer los errores que yo tuve.

<u>Trabaja en equipo</u> tanto en casa como en el trabajo. En casa organiza a la familia para que ayuden en la limpieza (según la edad pueden colaborar en diversas cosas), ya sean tus hermanitos o tus hijos, todos pueden ayudar (al menos a no tirar). Yo tenía una amiga con 3 hijos varones y una caja de multas arriba del refrigerador divinamente decorada como una calaca. Cada vez que uno de sus hijos no cumplía con alguna de las tareas, tenía que colocar una cuota previamente establecida, en la caja de multas. Así, los hijos, de su domingo tomaban lo necesario y lo depositaban. En algún momento, su mamá compraba víveres y junto con sus hijos y su esposo, los donaba a una familia necesitada. Los niños veían lo afortunados que eran de contar con una casa, ropa y comida suficiente. ¿Cómo se puede organizar tu familia? Hazlo divertido para que tus hermanos (o hijos) quieran participar.

Si vives sola, no dejes ni siquiera un vaso para lavar "luego". Haz las cosas con tiempo y termina lo que iniciaste. Después no sabes si se te proporcionará el servicio de agua, o estarás aún más apurada y dejarás más cosas sin terminar y la casa quedará cada vez más desordenada y eso te quitará tiempo cuando busques los objetos que necesitas.

Minimiza y con ello optimiza. Minimiza la decoración. Ten lo suficiente que sea de tu agrado ¡ah! Y claro, tus velas y lo que te guste para que puedas meditar o leer en tu espacio personal, pero solo eso. Tener excesos implica que tienes más cosas que limpiar.

¿Sabes qué es muy importante? Hacer la cama. Haz tu cama por favor antes de salir. Una cama desecha te deprime. Una recámara limpia con una ventana a la cual le entran los rayos del sol, te da júbilo. ¡Ah! y esto me recuerda: si tienes oportunidad de pintar tu cuarto de color amarillo, o algún otro que consideres alegre, hazlo.

La sala de mi casa es color blanco con algunas decoraciones (cojines, reloj, etc.) en color azul claro que me recuerda al mar; eso me da paz al entrar.

En cuanto a la oficina, procura contar con un grupo de aliados con quienes formarás un equipo y podrás delegar, llevar a cabo lluvia de ideas, etc. Cada miembro del equipo tiene una inteligencia emocional propia, no confundas y trates a todos igual, ten cuidado pues la gente es muy sensible y hoy en día más susceptible.

Para tener éxito con tu equipo y poder sobresalir, fórmalo únicamente con personas productivas y con sed de aprendizaje. Además, los miembros de tu equipo deben tener un modelo mental compartido, es decir, metas comunes y ambiciones compartidas con el fin de ser lo más eficientes posibles permitiéndoles anticipar lo que se necesita para completar una tarea y conocer cuáles son específicamente las labores de los otros miembros del equipo. Fomenta lo anterior estableciendo claramente los roles y expectativas, comunicando y acordando tus metas e intenciones. Esto ayuda a cada uno de los miembros a saber cómo su parte apoya a la visión general. Además, les ayuda a entender y respetar el trabajo del resto de los compañeros.

Lo ideal es acordar que cada miembro del equipo ponga al tanto anticipadamente a los demás compañeros del equipo de cualquier avance o modificación de su tarea (y el porqué de la modificación) antes de la siguiente reunión para crear conocimiento de las situaciones y poder resolverlas a tiempo.

En cuanto a ti, por favor cumple siempre tu palabra, crea confianza y respeto. Si una persona adicional se interesa por pertenecer a tu equipo de trabajo, haz una reunión y consúltalo con todos los miembros del equipo, cuidando que sus opiniones sean racionales y no viscerales ni personales.

En la vida, en general, es inevitable que ocurran los malos entendidos tanto en familia como en el trabajo y aún con tus amistades. Lo primero es enfocarte en la situación y no en la gente. Nunca critiques a la persona, evita frases como "es que tú siempre...", "es que eres...". No compliques la situación. Escucha a todos y analiza cada parte cuidadosamente. Buscar soluciones compartidas entre los involucrados –si es posible- pueden resultar en nuevas ideas que nunca se hubieran ocurrido si el conflicto no hubiese aparecido. La ventaja es que los conflictos o malos entendidos nos hacen pensar en los dos puntos de vista del asunto. Contar con más puntos de vista significa más posibilidades.

No pierdas tu tiempo "arreglando el mundo". Si dos amigas tuyas se enojan simplemente no te metas. Goza la compañía de cada una y no permitas que una hable mal de la otra buscando en ti, algo de complicidad. El tiempo que pasas con tus amigas son para disfrutar, relajarte, hablar de recuerdos y tal vez cosas triviales y no para derrochar energía negativa. Lo mismo sucede en el trabajo, no te alíes con grupos, respeta tu individualidad y colabora con todos en beneficio de la institución o empresa donde trabajas. Deslígate de querer ganar una discusión y ocúpate de encontrar la mejor solución para todos, en todo momento.

Cuando salgas en familia o con tu pareja apaga el celular. Que nadie interrumpa esos momentos gozosos; tal vez alguien de la oficina querrá preguntarte algo, pero te aseguro que nada es urgente. No conviertas la urgencia del otro en la tuya. No te adueñes de los problemas de los demás. Tú tienes tu propio camino independiente y no puedes comprometerte cada vez que alguien necesite de ti; cuando regreses a tu casa podrás revisar tu celular y en caso de tener llamadas perdidas decidir si quieres llamar o esperar al día siguiente.

Las decisiones fáciles a tomar en la vida suceden cuando una de las cosas está bien o te hace bien y la otra está mal o te hace mal, pero las decisiones difíciles ocurren cuando las dos partes están correctas; a veces los valores están en conflicto. Piensa en los valores de justicia e igualdad con este ejemplo: ¿Recuerdas la historia del Rey Salomón en la que dos mujeres se acercaron reclamando cada una ser la madre de un mismo bebé? El rey escuchó a ambas y después de recibir sus argumentos decidió lo siguiente: "partamos al bebé en dos y así cada una puede tener una mitad". La verdadera madre dijo enseguida: "¡No! por favor no lo maten. Denle el niño a ella, pero por favor no lo maten. La otra señora dijo: "me parece bien, así no será ni tuyo ni mío". Entonces el Rey dijo: "No maten al niño, dénselo a la mujer que desea que viva porque ella es la verdadera madre".

En este ejemplo, el Rey Salomón, al momento de decir que partieran al niño en dos y dar una mitad a cada mujer, está igualando la veracidad de ambas mujeres, pero al decidir entregar al niño a la verdadera madre, fue justo.

Este es un claro ejemplo de conflicto de valores. Así también tenemos ejemplos de justicia contra compasión, etc.

Vive presente en cuerpo, alma y espíritu cada momento. Que tu cabeza no se adelante a tu paso.

*"Me amo incondicionalmente y estoy
emocionada por pasar tiempo conmigo"*

8 ACTIVIDADES LIBERADORAS (Tu Tiempo)

Este Capítulo está escrito para brindarte ayuda sintiendo más amor por la bella mujer que ya eres en este momento. Todas necesitamos de amor y aceptación y lo primero es dártelos tú misma. Por ello, es necesario contar con tu tiempo personal y realizar actividades liberadoras que además de ser de tu agrado, te ayuden a cuidarte y a evitar el agotamiento; ya verás que después de pasar un rato contigo, serás mejor persona con tu pareja, con tus amistades y hasta con tu persona.

Separar tiempo para ti, te dice que eres importante, que mereces toda tu atención y que ahora te la vas a dar.

Nuestra vida ya es ajetreada. Muchas veces nos sentimos abrumadas lo cual es normal y más común de lo que te imaginas. Aunado a ello, tenemos comportamientos sociales, profesionales, aguantamos los enojos en nuestro empleo, cuidamos lo que vamos a decir y cómo lo vamos a decir, entonces es indispensable reconectar con nuestra autenticidad. El estar con nuestro Espíritu y con nuestros sentimientos es lo que nos traerá paz y nos hará recordar quiénes somos y por qué hacemos lo que hacemos.

Quita la idea de remordimiento de conciencia sólo porque vas a tomar tiempo para ti. Somos muy duras con nosotras mismas. Esa idea de que todos están antes que tú debe desaparecer inmediatamente. ¿Qué pasaría con ellos si no existieras? te aseguro que todo se acomodaría de alguna manera tanto en el trabajo como en tu vida personal. Usa tu agenda para hacer citas contigo misma y no las rompas. Trata la cita que tienes contigo con más importancia que aquella de un cliente. Cuida esta bendición que tienes como vida, apréciala, disfrútala. Vive para ti.

Estas citas contigo no sólo incluyen hacer ejercicio, comer nutritivo en algún restaurante novedoso o experimentar en casa elaborando alguna receta vegana o meditar; utiliza las citas contigo para ir a visitar un museo, pasear por el parque, tomar un café y leer un libro o simplemente para relajarte y dormir. Incluso, puedes tomar un pasatiempo de algo que te guste o tal vez ¿quisieras probar algo nuevo? ¡Haz algo fuera de lo ordinario! Si nunca has tomado una clase de pintura o de teatro ¿Te gustaría intentar? sólo para conocerte más. Rompe tu viejo molde y aprende a reír contigo misma de los tropiezos que lleves a cabo en esta nueva experiencia.

La forma en que emplees tu tiempo a solas debe armonizar con tus valores y creencias. Jamás hagas algo intrépido que no congenie con ellos. Sé que tus creencias pudieran haber cambiado, eso ya se vio en capítulos anteriores, pero me refiero a las nuevas creencias que te llevan al éxito. Esas preferirás conservarlas.

Algunas personas usan este tiempo para hacer oración, otras para visualizarse a sí mismas obteniendo sus metas y otras más simplemente para ir a la playa a contemplar el amanecer o un atardecer.

Estos momentos contigo te hacen encontrar una mayor fuerza interna e incrementan tu paz interior. No es un lujo, es una necesidad de estar con tu actual "Yo" aumentando como consecuencia tu autoestima, ya que al dedicarte tiempo para ti fuera de todo mundo externo, le indicas al subconsciente que eres tan importante que te apartas, te consientes y quieres conocer más de ti.

Otra cosa que puedes hacer es reconectar con tu niña interior escuchando la música de aquel entonces, tomando entre tus manos una foto tuya cuando eras bebé o ya una niña, acercándola a tu corazón y empezar a sanar todas las heridas de ese pasado diciéndole a esa niña hermosa que siempre fuiste: "Te amo tal y como eres. Ya nada puede hacerte daño, ahora yo te cuido y te protejo". Dile todo lo que le quieras decir... todo lo que se te venga a tu mente. Abraza a esa niña, dale la seguridad que se merece. Existen meditaciones hermosas para sanar a tu niña interior que puedes buscar en internet, yo te recomiendo las de Louise L. Hay.

Cualquier cosa que decidas hacer, hazla de manera presente. Deja de pensar en los demás, lo que dejaste pendiente en la oficina, en el cliente, en el novio o esposo y te pido que goces tu tiempo personal. Notarás que mientras más tiempo pasas contigo, tu comportamiento cambiará, te volverás entre otras cosas, más independiente pues sabrás estar contigo.

Yo tuve un cliente que me decía que no sabía estar solo. Llegaba de trabajar y prendía la televisión para "oír ruidito" desesperándose al poco tiempo y mejor se salía de su casa gastando tiempo ociosamente deambulando en lugares públicos hasta que consideraba que ya había llegado alguien de la familia a su residencia. Le enseñé a valorarse, a estar consigo mismo realizando su nuevo plan de vida. Le tomó varias sesiones aprender a valorarse y otras tantas más para amarse. ¡Pero lo logró!

La vida no viene libre de problemas, sabes que siempre los tienes que atender haciéndolo de la mejor manera que te es posible con el conocimiento que posees. Ya es momento de premiarte y adueñarte de tu magnificencia. Tómate un respiro. Apaga tu celular y desconecta tu teléfono de casa. Este tiempo es entre tú y tú. Nadie ni nada debe interrumpirlo. Es esencial para mantener la cordura. Muchas personas no toman este descanso y se pierden en el mundo caótico haciendo lo que se presenta, creyendo que todo es urgente y después de un tiempo, tienen que buscar ayuda profesional pues ya tienen síntomas de una depresión nerviosa.

Recuerda que todo lo que haces para salir adelante requiere un comportamiento social, de manera que reconectar contigo es ser natural, estar relajada y darte el espacio para descansar de todo este ruido colectivo. Además, nadie en la oficina tiene que saber cn qué ocupas tus momentos libres. Son tus compañeros de trabajo solamente, no te confundas. Tampoco aconsejes a todos que deben tomar tiempos libres, que a ti te han servido, etc. Un compañero es "la persona que se acompaña con otra para un fin" nos define la Real Academia Española. Entonces en tu trabajo ¿Cuál es el fin? tenlo siempre presente mientras estás en la oficina o en tu práctica profesional externa.

En mi caso necesito el silencio. El tiempo que paso conmigo lo paso en silencio. Tengo un cuarto que da hacia el mar y puedo ver tanto el amanecer como la puesta del sol. El cuarto tiene una temperatura confortable y me brinda la oportunidad también de meditar y es desde aquí donde escribo este libro para ti. Admiro el vuelo de las gaviotas, las pequeñas embarcaciones con los pescadores que desde la madrugada salen con la esperanza de llevar algo a casa a su regreso. Construyo cuentos en mi mente de cuanta cosa veo. Me pregunto si el ave que coloca su pechito hacia el sol tendrá frío al igual que yo... así, paso mi tiempo personal. Es mi conexión con mi Ser. Es la parte que nadie conocía de mí, sólo mi esposo y mis mejores amigos y ahora me atrevo a comentarla contigo. Es el alimento espiritual que me doy y que guardo celosamente para que nadie lo lastime. Queda en mis pensamientos, en mi alma y le da calor a mi corazón... es el ánimo diario para seguir adelante en un mundo que ya cada vez es más superficial y yo no permito me contagie. Para mí, ser superficial es como una infección que se difunde rápidamente como una plaga y por eso tengo mi vacuna, soy inmune a ello. No me puede atacar, no llega a mí porque no vibro en esa energía vana.

En otras ocasiones, lo que hago es leer algo que me dé tranquilidad como los libros del Dr. Wayne Dyer. Después de leer durante unos 40 minutos, cierro mis ojos y sólo escucho lo que me dice mi Espíritu durante 15 minutos aproximadamente (pongo la alarma del teléfono celular para que me avise pasados 20 minutos asegurando con ello que no me he excedido en tiempo y así disfrutar el momento que paso conmigo evitando abrir los ojos para saber si ya es hora de continuar con lo que sigue del día). Eludo mi diálogo interno. Solo escucho. Al finalizar escribo sin prisa en mi diario lo que he reflexionado.

Este momento de silencio, es la práctica de estar presente, de soltarte, de escuchar, de Ser y de transformarte. El liberar tu mente te permite reconectar con tus valores, profundizarlos, vivirlos a otro nivel. No postergues ni canceles tus citas contigo. Muchas veces son lo único que tenemos grato durante el día. Después de un día muy pesado en el trabajo, el descansar en ti es lo que necesitas.

En mi práctica de Coaching, uno de los mayores retos que observo enfrentan las mujeres es que están tan ocupadas considerando los recursos externos como metas, finanzas, etc., que se les olvida tomar en cuenta sus necesidades internas y por eso se desconectan de su esencia. Cada una de nosotras tiene la manera de reencontrarse. No hay una lista a seguir, sólo tú conoces lo que te llena de gozo y bienestar. Lo que sí debo recalcar, es que el amarte a ti misma es esencial aquí. Si vas a tomar este tiempo para regañarte (esto nunca lo hagas), para pensar en lo que pudiste realizar mejor, entonces no es tiempo personal, es tiempo de análisis y no es a ello a lo que me refiero en este capítulo sino al contrario. En el tiempo personal, te apapachas, te proteges y sanas. Es tiempo para deliciosamente divertirte y deleitarte con y en tu presencia.

Con frecuencia, encuentro personas que no están conectadas con sus emociones y tienen la necesidad de racionalizarlas, de emplear la lógica para analizarlas como elementos científicos. Tiene que haber una razón, propósito o explicación por cada emoción que tengan. Pero ¿Cómo explicarles la sensación de gozo que se tiene al ver un amanecer? Esa plenitud que te hace llenar de aire tus pulmones y suspirar es indescriptible, sólo fluye. Si se analiza, no habrá respuesta satisfactoria y dejarás de sentir porque ya la pasaste del corazón a la cabeza y allí no se encuentra el Espíritu por ningún lado. Hay momentos para analizar otro tipo de emociones (Recuerda el libro de "La Inteligencia Emocional" de Daniel Goleman, altamente recomendado) pero no tomes este tiempo personal para hacerlo.

Presencia es estar Presente. Significa cerrar la puerta de tu casa interna para que nadie entre más que tú en ese momento. Es un despertar para regresar a tu hogar, para regresar a ti misma de un modo profundamente sanador.

Si elegiste asistir a una clase de pintura para estar presente contigo, entonces no le pongas más atención al cuadro que pinta el compañero que está a tu lado en la clase, que al tuyo; céntrate, enfoca en tu propio desarrollo sin que esto signifique que puedas (¡por supuesto!) tener una conversación sencilla con los compañeros pues también como ya lo mencioné, en lugares inesperados aparecen las conexiones profesionales si tus antenas siempre están orientadas para ello, lo cual en tu caso lo están debido a los ejercicios de visualización que estás llevando a cabo diariamente.

Si te sientes muy tensa y tienes una situación en la que no puedes dejar de pensar por el momento, entonces quítate los zapatos y pisa la tierra (no el piso, sino la tierra pura); descarga esa energía mientras te concentras en tu respiración. Como ya has leído, recomiendo siempre que te concentres en tu respiración porque es una manera de escuchar al "Yo físico", es decir al cuerpo y decirle: aquí estoy, te escucho. Poco a poco te irás relajando al soltar las cargas y agradecer a la Madre Tierra por estar contigo para ayudarte a aligerar tus preocupaciones.

No te pierdas nunca de Ti Misma, de tu Ser, es lo único que tienes seguro. Hay una infinidad de talleres para las personas que no saben reconectarse, que se han perdido en el bosque de la tecnología, del quehacer, de la vanidad y que al final del día se dan cuenta que están vacías y no saben cómo regresar a su esencia. Es muy triste darse cuenta que han perdido tiempo valioso que ya no pueden recuperar y que no lo han invertido en sí mismas para gozar de las maravillas que ofrece el Ser y el Estar con la propia naturaleza y lo que las identifique con ella.

Hay personas que al reconectarse consigo mismas se dan cuenta que su "yo" tiene la necesidad de viajar, de conocer otros países y que el simple hecho de subirse a un avión ya las hace sentir en conexión con ellas mismas. ¡Hay una parte de su alma que es viajera! ¿Qué sorpresas bonitas te brindará tu reencuentro?

Recuerda que reconectar con tu interno es tu espacio rejuvenecedor para llevar a cabo una introspección, recibir luz e inspiración. Incluso al soltar a quien has sido durante el día, hace que consagres a tu más alto Ser en el que te estás convirtiendo al llevar a cabo tu vida personal y profesional con ética y honestidad. Evolucionas pues no somos las mismas personas que éramos antes y por ello es importante nutrirnos. Conoce a esa nueva versión de ti que ya no permite pensamientos negativos ni escucha palabras necias como "no vas a poder".

También en estos momentos te conectas con tu propósito de vida, el cual puede cambiar para evolucionar conforme tú lo haces; tal vez ya encontraste un nuevo significado para tu vida. Si este es el caso ¡Qué bien! tranquilízate y agradece que tu nuevo propósito se presenta en estos momentos. Te podrás preguntar ¿Por qué hasta ahora? Tal vez porque ahora, al empoderarte y realizar los cambios a tu favor, te estás preparando para llevarlo a cabo. Parte del propósito de vida es estar plenamente vivo, sentir una increíble vitalidad, alegría y gusto con tu Presencia Personal, cultivando la viveza en tu cuerpo y emanando vigor porque recuerda que Vivir es el propósito por el cual te encuentras aquí. Vive la vida que sabes que tienes que vivir. Tienes un propósito Grande y muy especial por el cual estás aquí. Es único, es tuyo. Por eso no puedo dártelo en este libro. Tú sola lo vas a atender. La mayoría de nosotros no nos tomamos el tiempo para escuchar ese llamado interno. Lo ignoramos y decimos: "estoy muy vieja", o "estoy muy flaca" o "no tengo dinero" y así nos llenamos de pretextos para no cumplir un maravilloso destino que sabemos es nuestro dentro de este infinito universo.

Por eso en estos momentos de vinculación vemos cómo estamos viviendo actualmente, recordando quiénes realmente somos o en quiénes nos estamos convirtiendo para lograr una vida plena. Escucha a esa sabiduría interna.

Tu verdadero cambio vendrá cuando te enfoques en ti misma.

"Cierro mis ojos y mi corazón se llena de gratitud por todo lo que ya Soy. Veo la Vida que deseo manifestar, ante mí".

9 GRATITUD Y MANIFESTACIÓN

Hemos llegado al capítulo final de este libro que te ha guiado al iniciarte en tu camino profesional. Es por esto que elegí dejar este tema al último con la finalidad de cerrar con gratitud por todo lo que has avanzado, por todo lo que has logrado, por quien ERES, por contar con personas que te quieren, por tener a Dios/Universo/Poder Supremo o como sientas llamarle, de tu lado.

Has realizado grandes cambios desde estar consciente de ti misma, de lo que piensas, de lo que sientes, del lenguaje que usas, hasta tal vez efectuar cambios en tu alimentación, en tu cuidado personal y sobre todo en aprender a Amarte y Respetarte que es lo esencial.

Ahora, es tiempo de dar por todo lo que has recibido.

¿Cómo te gustaría dar para demostrar tu gratitud? Tal vez pudieras iniciar un Círculo de Mujeres en tu Colonia, en tu Iglesia, o en tu ciudad y comentar tu experiencia mientras llevabas a cabo tus cambios para inspirar a otras mujeres. Otra idea es realizar entrenamientos para mujeres que se encuentran en los primeros semestres de sus carreras profesionales para prepararlas y que a tiempo lleven a cabo los cambios necesarios para obtener el éxito.

¿De qué otras maneras se te ocurre pudieras dar algo de ti en agradecimiento por la vida que tienes? Lo que decidas debe resonar con tu corazón, porque cuando das desde allí, es un auténtico dar y las otras mujeres lo sentirán y podrán aceptar lo que les comuniques.

Cada día recuerda agradecer aunque algunas veces te sea difícil al ver que hay otras personas que tienen más que tú. Es muy fácil compararte con las demás y sentirte desanimada o triste pero tienes que eliminar a las otras personas de la ecuación de tu vida y sólo ver tu progreso personal. Desconoces por lo que hayan pasado (o lo que estén pasando), lo que han tenido que dejar o aceptar para estar como están.

Agradece durante la mañana cuando te acabas de despertar, agradece por lo bueno que tienes (siempre hay cosas buenas si te detienes a encontrarlas) y por lo bueno que te va a suceder durante el día. Esto lo puedes hacer en tu meditación diaria y te dará una expectativa de apertura estando emocionada y esperando cosas buenas. En la noche, antes de dormir, agradece por todas las enseñanzas recibidas, las sorpresas, regalos o bendiciones y ahora visualiza lo bueno que va a suceder mañana y nuevamente da las gracias de antemano. Siempre recomiendo a mis clientas que tengan una Libreta de Gratitud al lado de su lámpara de noche para escribir al final del día todo por lo cual están agradecidas; así, éstos serán los últimos pensamientos que se lleven a sus sueños. Con ello se asegura una noche en la que realmente descansarás pues te acuestas con una sonrisa llena de paz y de luz y la energía que brindas a tu almohada también será positiva. Esto es conveniente que sepas: Las personas por lo general en la noche, al acostarnos, en lugar de relajarnos estamos dando obsesivamente vuelta y vuelta a los problemas que tuvimos y a veces hasta nos ofendemos por no haberlos resuelto de una mejor manera. Esa energía se queda en tu almohada y se va acumulando, hasta que un día o no puedes dormir -aunque no hayas estado pensando en problemas al acostarte-, o amaneces con dolor de cabeza. Es por esto recomendable lavar la almohada cada semana; además, adquiere un atomizador con esencia de lavanda que rociarás en ella antes de acostarte para lograr una mayor relajación. Debes dormir tranquila.

Si tienes una meta que por el momento no se cumple, agradece por ella como si ya la hubieras logrado; recuerdo la enseñanza de una de mis mentoras, Louise L. Hay quien siempre decía que los pensamientos o los deseos son como una semilla colocada bajo tierra, en donde existe un período de espera. Si eres paciente verás al tallo asomarse y en lo que esto sucede, no permitas que los pensamientos negativos te invadan, haz tu parte regando tu semilla con agua clara, positiva y agradeciendo al universo de antemano, sin decir que te sientes ansiosa, que esperas que se resuelva pronto. Solo agradece porque se está cocinando la respuesta o porque la solución favorable para todos los involucrados ya viene en camino. No te desesperes ni hables de tu lucha o te quejes de la situación, ya que entonces no avanzarás, sino que estarás regando tu semilla con agua estancada.

Por lo regular agradecemos después que obtenemos las cosas, pero si no aprendes este principio de agradecer con antelación, no contarás con la fuerza necesaria para esperar el resultado favorable. Ahora, a lo largo del día los pensamientos negativos pudieran llegarte intentando sabotear tus metas. Cada vez que esto ocurra, tómalo como un recordatorio para decir "gracias". Cuando esos pensamientos te digan cosas como "Has cometido muchos errores, no pueden pasarte cosas buenas" di: "ahora los errores del pasado han quedado atrás y mis mejores días vienen a mí".

Tal vez tu economía de momento no sea la mejor, o tus relaciones interpersonales necesiten mejorar, pero la gratitud te coloca en una vibración de logro, de deseos cumplidos. Cuando agradeces con antelación cambias tu vibración y como el subconsciente no distingue entre lo que es real y lo que no es, se pone a trabajar para igualar tu realidad externa con tu estado interno. Mantener un tono positivo es la manera más fácil de aligerar tus cargas. Es muy importante poner una emoción de gozo cuando agradeces, ya que la emoción hace más creíble el hecho para el subconsciente. Por eso cuando escribas en tu Diario de Gratitud, no lo hagas como si fuera una lista de cosas por las cuales agradecer sino expande, explica, enfatiza en todo lo bueno por lo que estás agradeciendo. Que no sea como un frío artículo científico, sino como una dulce novela.

Si sabes bien lo que deseas, debes ser específica al pedirlo: "quiero un carro" no es suficiente, debes indicar la marca, el color, ir a la Automotriz, abrir la puerta escuchando atentamente el sonido que haga mientras lo haces, fijarte en el olor a carro nuevo que emana de la tapicería, tomar el volante conscientemente y llevarlo para una prueba, con toda la emoción como si ya fuera tuyo. De este modo, en tus meditaciones, lo podrás visualizar mejor. Mientras más cerca lo veas, más cerca lo tienes. Crea una nueva identidad al visualizar: supón que ya tienes lo que deseas, ¿Cómo actuarías? ¿Cómo llegarías a tu trabajo? ¿Cómo te expresarías, hablarías, pensarías? Ya que visualices tu identidad, procura expresarla durante el día hasta que se convierta en tu estado natural de ser.

Y si realmente esperas que se cumpla lo que quieres ¿Qué estarías haciendo para preparar su llegada? Pues empieza a hacer eso ahora. Por ejemplo si quieres abundancia económica entonces organiza tus finanzas, mantén las cuentas de banco separadas (la de tus gastos personales de casa con la de tus gastos profesionales) de manera que puedas fácilmente manejar ese incremento económico que está por llegar; si quieres dar servicio como profesionista aparte de tu trabajo, compra un calendario y agenda citas a clientes en el mismo (como si los clientes fueran reales) y no uses ese tiempo para las amigas. Observa tu calendario con los nombres y asuntos a tratar.

Para que todo lo anterior tenga un efecto manifestador, por favor no te quejes, ya que cuando te quejas (de lo que sea) anulas el proceso de realización pues tus emociones se transforman de alegres a tristes o iracundas y las puedes sentir en tu cuerpo hasta en la forma en que caminas, en la expresión de tu rostro, etc. Sólo muestras en lo externo lo que vives en lo interno y esa energía sólo atrae a otra energía igual que es más del mismo mal: más problemas sin resolver, más trabajo no remunerado, más relaciones conflictivas, etc. Así que aunque estés tentada a quejarte, por favor guarda silencio, relaja los hombros, relaja la mandíbula que seguro la tienes apretada, siente tu respiración y di a tu niña interior que se tranquilice, que estás a cargo de la situación y que sigan con la buena energía de manifestación. Nada ni nadie puede quitarte ese gozo, sólo tú misma, es cuestión de tus propios pensamientos. Sé que al principio no es fácil, pero con la práctica y conforme observas la creación del bien en tu vida, tu perspectiva irá cambiando. Por el momento actúa con fe. Detecta y reflexiona: ¿Estoy en verdad a cargo de mis emociones, de la manera en que pienso las cosas o los demás están a cargo de ello? ¿Estoy entregando mi poder al mundo entero para que tomen mi energía y la conviertan en lo que quieran o la que está a cargo de mi poder soy yo?

Si pasas al menos de 10 a 15 minutos haciendo algo que te guste, que te haga sentir bien, como ver una película con tus actores favoritos, meditar, pintar, etc., estás asegurando una elevada vibración. Las vibraciones elevadas atraen más situaciones y bienestar. Imagina que compras un auto. A partir de ese momento, verás otros autos similares en la calle, inclusive del mismo color, del mismo año y parecerá que se te aparecen de adrede. Lo que sucede es que tu subconsciente se fija en tu vibración y te manda la señal para que veas lo mismo que ya tienes, es decir te ACERCA lo que TE GUSTA. Atraes lo que "vibra contigo". La Gratitud y la Apreciación, así como el amor y la caridad, son vibraciones elevadas.

Puedes pensar: ¿Qué bondades y bendiciones he recibido del Universo que quiero reconocer y celebrar? Haz de cada día un "Día de Gracias". La gratitud ayuda a desvanecer los posibles corajes o enojos que tengas durante el día ya que no puedes ser agradecido y estar enojado a la vez, son sentimientos opuestos. En lugar de empezar el día con: "¡Qué flojera! tengo que ir a trabajar" e irte a dormir con: "No terminé mis pendientes en la oficina" lo cual es extremar tu día con escasez, mejor inícialo con agradecimiento por este espacio de silencio y descanso que has tenido y en la noche dí "Mira todo lo que logré hoy".

Yo agradezco en pensamiento por el viento sobre mi rostro (son de las cosas que más me gustan), por las estrellas que coquetamente parecen parpadear en tonos distintos de colores y que me acompañan mientras tiendo la ropa que acabo de lavar en la noche, por mis perros que son mis angelitos y por mi casa a la que le digo antes de salir: "Gracias casita por cuidarme" y así, a lo largo del día agradezco muchas cosas lindas conforme se me van presentando.

Además de agradecer mentalmente puedes demostrar tu agradecimiento dando, compartiendo, sirviendo, contribuyendo pues al momento de dar estás en la vibración de abundancia ya que si no tuvieras, no darías. Este es un mensaje universal que le dice a tu interno que vives en abundancia.

Para manifestar lo que quieres, la gratitud es la firma emocional que significa que el evento ya se ha realizado, así que si le puedes enseñar a tu cuerpo lo que se siente emocionalmente tener ese evento ya llevado a cabo, tu emoción y alegría estarán a flote y ahora que tus pensamientos y sensaciones están alineadas te darás cuenta que tienes un nuevo estado del Ser, es decir ahora puedes empezar a lograr cambios medibles en la realidad al permitirte crear una nueva personalidad observando cómo los cambios realizados internamente producen un efecto en el mundo externo. Ya no eres más una víctima de la causa y efecto sino que ahora tú causas el efecto.

Si no has manifestado lo que deseas es porque tal vez una parte de ti se resiste aún a lo que todo el Universo tiene para darte. Las dudas ("nunca se me ha hecho algo, no creo que...", "no merezco", etc.), el dolor ("ya no me quiero volver a enamorar porque me dolerá si me deja"), la ansiedad ("¿por qué no se manifiesta lo que quiero? ¿Cuánto tiempo más tengo que esperar? ya he esperado demasiado"), así como el resentimiento, el coraje, los miedos y todas las emociones que no te hacen bien son formas de resistirte a todo lo bueno que siempre has merecido.

Cuando notes que alguno de estos sentimientos brota en tí, concéntrate en tu respiración de la manera que ya mencioné y esa será la forma de poner atención a tu Yo Interno y dejar ese mundo externo que por el momento interfiere con tu equilibrio. Por otro lado, si tienes dificultad en dejar atrás la situación que te acongoja, busca un Coach de Vida para que te ayude.

Otra ventaja de ser agradecida es que consigues tener paz; busca el agradecimiento en todo, incluso en pagar una deuda porque significa que alguien confió en ti, en tu poder adquisitivo, en que puedes pagar.

Si al principio no puedes visualizar un agradecimiento con la emoción positiva, entonces puedes comenzar con frases como: "Gracias porque esta situación ya está pasando". Agradecer es fortalecer la fe.

Enfócate en lo que tienes ahora en lugar de enfocarte en lo que no tienes. Busca lo que está bien. Si deseas un mejor empleo necesitas empezar a apreciar el que ya tienes dando gracias cada semana o quincena por el cheque o depósito que fielmente te otorgan.

Escribe en tu Diario de Gratitud y siente la dicha en tu corazón.

Cuando te permites ser agradecida en el momento presente, la parte espiritual de tu vida empieza a cambiar, se expande y simplemente tú creces con y en ella elevando la alegría que tienes por dentro y un buen sentimiento produce otro y otro y otro y... bueno ya entiendes la cadenita.

Yo hoy, agradezco que hayas tomado tiempo para ti, para cambiar, para prosperar y para Ser todo lo que siempre has querido Ser y lo estás logrando.

Te abrazo con mi corazón y estoy contigo.

www.ingramcontent.com/pod-product-compliance
Lightning Source LLC
Chambersburg PA
CBHW071245170526
45165CB00003B/1252